KB272973

문예신서
335

광고의 이해와 실제

현택수 · 홍장선 지음

東 文 選

광고의 이해와 실제

서 문

우리는 광고의 홍수 속에서 살아가고 있다. 개인적으로 광고가 싫던 좋던 간에 일상 생활에서 우리의 눈과 귀는 광고에 노출되어 있다. 그리고 광고는 여러 가지 형태로 우리에게 시선과 청각 집중을 요구하고 있다. 어느덧 우리는 광고와 일련의 상호 작용의 커뮤니케이션을 하고 있다.

광고는 복잡하고도 함축적인 요소들이 모여진 복합체이다. 광고는 일련의 복잡한 과정을 통해 만들어지지만, 누구나 쉽게 접할 수 있는 일련의 커뮤니케이션 과정이다. 전문가 집단이나 비전문가 집단에 상관없이 광고는 그것을 바라보는 사람에게 전달되는 메시지는 같다. 다만 해석의 차이만 있을 뿐이다. 실제로 많은 사람들이 다양한 방식으로 이 복잡한 광고를 접하고 느끼고 해석한다.

이 책은 이같은 광고 커뮤니케이션에 있어서 광고 개념 및 이론을 소개하여 광고를 접하고 느끼며 이해하는 방법을 제공한다. 뿐만 아니라 광고 제작, 전략 및 실제도 소개하고 있다. 즉 이 책은 기초 개념과 기초 실무가 적절하게 조합된 광고 입문서이다. 원래 대학에서 강의용으로 원고와 자료를 정리한 것을 책으로 엮은 것이다.

이 책을 집필하는 데 있어서 전반 부분의 개념 중심의 장에서는 기출판된 광고 홍보 관련 서적들을 많이 참고하였다. 개념 설명 부분은 앞선 학자들의 연구들을 정리한 것인데, 흔히 입문서 교재에서 볼 수 있는 편집 형태를 뛰어넘지 못한 것 같다. 그러나 실무를 설명하는 장에서는 저자의 현장 경험을 살린 목소리를 낼 수 있어 다행스럽게 생각한다. 이 점에 있어서 홍장선의 기여가 컸다.

한편 본문 가운데 주요 인용과 발췌 부분에 대해서는 저자 및 출처를 밝혔으나, 그 이외에는 구체적인 인용 표시나 각주 없이 각 장의 말미에 참고 문헌을 모아서 처리하였다. 입문서 교재 성격상 더 상세한 인용 방식을 취하지 못한 것에 대해 해당 저자 및 출판사의 양해를 구한다. 그러나 본문 관련 이미지 자료들은 주로 해당 기업의 홈페이지나 관련 사이트 등에서 인용한 것들인데, 독자가 더 살펴볼 수 있도록 사이트 주소 등 출처를 다 밝혀 놓았다.

이 책은 아홉 개의 개념 중심의 장과 세 개의 실무 위주의 장으로 구분되어 총 열두 개의 장으로 구성되어 있다. 제1장부터 제3장까지는 광고의 정의와 특징·역할·역사·종류·윤리·규제의 내용이다. 제4장에는 광고 산업의 구조와 현황, 그리고 제5장에는 IMC를 바탕으로 하는 광고 전략의 구체적인 사항들이 있다. 제6장부터 제8장까지는 신문·잡지·TV·CATV·라디오·옥외·인터넷 광고 등 실제적인 광고에 대해서 구체적인 설명이 있다. 현장 경험을 토대로 한 실제적인 업무 흐름이 중점적으로 기술되어 있다. 제

11장은 광고와 함께 시너지 효과를 낼 수 있는 PR과 MPR 부문을 제시하여 효과적인 PR을 수립할 수 있는 전략을 언급했다. PR과 MPR의 정의·전략·도구·위기 관리가 설명되어 있다. 제9장과 제10장, 제12장은 기업체 광고팀과 홍보팀의 업무 매뉴얼을 토대로 한 실제적인 업무 지침 내용이다.

세상이 무섭도록 빠르게 변화하고 있다. 광고만큼 빠르게 변화하는 시대를 반영하며 그 자신도 빠르게 진화해 가는 것도 드물다. 이런 광고 현상을 이 책이 얼마나 잘 포착하여 설명하고 있는지에 대한 평가는 이제 독자의 몫으로 넘어갔다. 여러 면에서 부족함을 많이 느낀다. 독자의 질정을 바란다.

2007년 3월 현택수·홍장선

제1장
광고와 커뮤니케이션

1. 현대 생활과 광고

수년 전 S기업의 '현대생활백서' 광고는 독특하고 의미 있는 것이었다. 이 광고는 휴대전화를 매개로 한 생활 속의 에피소드를 시리즈화한 것으로서 남녀노소 누구나 공감할 수 있는 내용이었다. 이 광고는 단순한 휴대전화 광고라기보다 휴대전화가 만들어 내는 현대인의 생활 양식을 보여주는 것이었다. 현대인은 광고와 친숙하고 광고와 더불어 살아가고 있다. 어느덧 광고는 광고 속의 휴대전화 사용처럼 일상화되어 현대인의 생활에 스며든 하나의 생활 양식이 되었다.

우리는 광고의 홍수 속에서 살아가고 있다. 라디오 속에서 흘러나오는 광고 시그널을 들으며 기상하고, 오랄비 칫솔과 죽염 치약으로 양치질을 하며, 도브 비누로 세수를 한다. 청정원 햄과 파리바게트 빵을 먹고 콜드 주스를 마시거나, 켈로그 콘플레이크와 아인슈타인 우유로 아침 식사를 한다. 신문을 펼치거나 TV를 켜면 광

1) SK텔레콤의 현대생활백서 광고 이미지

고가 쏟아져 나온다.

이렇게 하루는 광고와 함께 시작한다. 외출복을 입으면서 옷에 달린 브랜드를 본다. 문 밖에 나서자마자 문이나 벽에 붙어 있는 전단지를 보게 되고, 동네 곳곳에서 현수막과 포스터 광고를 접하게 된다. 버스나 지하철 내외부에서도 광고를 피할 수 없다. 거리의 간판들과 대형 빌딩의 사인물, 옥외 광고들을 접하며 운전하거나 걷는다. 우리가 이 사회에 살아 있는 한 우리의 시선에 광고가 없다는 것은 상상하기 힘들다.

프랑스 광고인 로베르 궤링(Robert Gue'rin)은 다음과 같이 말한다. "우리가 숨쉬고 있는 공기는 질소와 산소, 그리고 광고로 구성되어 있다. 우리는 광고 속을 헤엄쳐 다닌다. 광고는 여러 가지 형태로 하루 종일 우리를 뒤쫓아 다니며 떠나지를 않는다." 광고와 일상 생활과의 긴밀한 관계를 묘사한 말이다.

광고는 일상 생활과 사회를 구성하는 하나의 요소가 되었다. 이제 우리는 어떤 목적이나 수단으로서가 아니라 무의식적인 생활 습관의 하나로 광고를 쳐다보게 되었다. 그리고 광고는 사회의 규범이나 가치, 행동 양식이나 태도 등을 우리들에게 전달할 뿐만 아니라 개개인의 생활 패턴이나 스타일 등 개성을 표출하는 데 적지않은 영향을 끼치고 있다.

역사학자이며 문명비평가인 데이비트 포터(David Potter)는 광고를 학교나 교회라는 제도에 필적할 만큼 매체를 지배하고, 사람들이 선호하는 표준을 통제하는 하나의 사회적 제도라고 여긴다. 미

2) 세도나미디어의 〈애가〉 버스랩핑 광고 이미지

디어 경제학자 빈센트 노리스(Vincent Norris)는 광고를 시장의 힘으로, 사회학자 마이클 셔드슨(Michael Schudson)은 광고를 자본주의 표현이자 우리의 사회 가치와 신념을 반영하고 있다고 본다. 또한 광고는 기업의 입장에서 제품의 마케팅·영업·판촉 등의 경영 수단으로 활용되고 있을 뿐만 아니라, 선거를 위한 정치 선전까지 그 용도가 다양하다. 미국의 광고인 데이비드 오길비(David Ogilvy)는 광고를 복잡한 제품이나 서비스의 상징, 브랜드의 이미지로 보고 있고, 윌리엄 마스텔러(William Marsteller)는 광고를 판매에 영향을 주는 마케팅 활동과 반드시 함께 이루어져야 하는 커뮤니케이션으로 생각하고 있다.

일상화된 광고는 경제경영적인 동시에 예술미학적이고 심리학적인 동시에 인문철학적인 과정이자 대상이기도 하다. 그러나 궁극적으로 광고는 마케팅의 도구로서 기업이 소비자를 설득하는 커뮤니케이션의 범주를 벗어날 수는 없다. 즉 기업의 제품이나 서비스에 대한 정보를 소비자에게 전달하여 구매 의사 결정에 영향을 주는 정보 메신저인 것이다.

2. 광고의 정의

광고는 영어의 'advertising' 으로 번역되고, 라틴어 'ad vertere' 가 어원이다. 이 단어의 뜻은 "주의를 돌리다," "마음을 어디로 향하게 한다"이다. 독일어로 광고는 'Die Reklame,' 프랑스어로는 'Réclame'이라 부르기도 하는데, 이 뜻은 "부르짖다"라는 의미로 라틴어의 'Clamo,' 즉 "반복하여 부르짖다"이다. 이렇게 광고의 어원적 의미들을 종합해 보면 광고의 의미는 "반복하여 부르짖어 주의를 끌어 마음을 향하게 하는 것"이라고 말할 수 있다.

학자들은 광고의 세계가 복잡해짐에 따라 라틴어 'ad vertere'에서 유래한 영어의 'advertising'가 'advertisement,' 'commercial'로 세분되어 그 의미를 조금씩 달리하고 있다고 말한다. 구체적으로 말해서 'advertising'은 광고 행위를 뜻하고, 'advertisement'는 광고물이나 광고 메시지를 지칭한다. 즉 'advertisement'는 'advertising'의 하위 개념이자 'advertising'의 일부를 지칭한다. 그래서 일반적으로 광고라고 하면 영어의 'advertising'을 의미한다. 그리고 'commercial'은 상업 방송 광고의 메시지를 지칭할 때 쓰여지지만 대개는 방송 광고를 지칭할 때 사용된다.

광고에 대한 정의는 학자와 학회의 관점에 따라 조금씩 다르게 규정된다. 먼저 한국광고학회에서는 광고를 "광고주가 청중을 설득하거나 영향력을 미치기 위해 대중매체를 이용하는, 유료의 비대면적인 의사전달 형태"라고 정의하였다. 닐렌(D. W. Nylen)은 광고를 "특정 제품, 서비스, 신념, 행동에 관한 정보를 제공하거나 사람들을 설득시킬 목적으로 대중매체에 대가를 지불하고 싣는 메시지"라고 하였고, 루설(J. T. Russel)은 "명시된 광고주가 대중매체를 이용하여 전달하는 유료 메시지"라고 광고의 정의를 내렸다. 미국마케팅학회에서는 광고를 "광고주를 위해 사람이 직접 개입하지 않으면서 대가를 지불하고 제품 서비스, 아이디어를 촉진시키고 알리는 것을 목적으로 하는 일체의 모든 행위"라 하였고, 미국광고대행사협회에서도 광고를 "소비대중에게 자기 제품의 판매나 서비스의 이용을 궁극적인 목표로 삼고, 이에 필요한 정보를 미디어를 통해 유료로 전달하는 모든 행위"라고 정의하였다.

또 다른 측면에서 레인(W. R. Lane)은 광고를 "대가를 지불하고 다양한 매체를 통해 제품, 서비스, 아이디어에 관한 정보를 전달하기 위한 설득적·비대인적 커뮤니케이션"이라 하였고, 프라이드와 페럴(Pride & Ferrel)은 "대중매체를 통해 표적 청중에게 전달하기 위한, 조직이나 제품에 관한 유료의 비대인적 커뮤니케이션의 한 형태"라고 했다. 웰스와 브루넷(Wells & Burnett)은 광고를 "명시된 광고주가 대중매체를 이용해 청중을 설득하거나 영향력을 행사하려고 하는 유료의 비대인적 커뮤니케이션의 한 형태"라고 정의하였다.

이상에서 살펴본 바와 같이 광고주, 대중매체, 유로 메시지, 설득 커뮤니케이션, 비대적인 커뮤니케이션이 광고의 정의에 있어서 키워드임을 알 수 있다. 이처럼 커뮤니케이션으로서의 광고, 사회 현상으로서의 광고, 경제제도로서의 광고, 정보와 설득 과정으로서의 광고 등 수많은 측면에서 내려진 정의들이 있다. 여기서는 특히 커뮤니케이션과 마케팅 관점에서 더 살펴보고자 한다.

1) 커뮤니케이션적 관점

커뮤니케이션 측면에서 보자면 광고는 커뮤니케이션의 한 방식일 뿐이다. 그것은 광고가 전달하는 사람과 전달받는 사람의 고정된 틀 안에서 메시지를 전달하는 방식을 따르고 있기 때문이다. 커뮤니케이션 관점에서 광고는 정보를 전달하는 송신자인 기업과 그 정보를 받아들이는 수신자인 소비자 사이의 의사소통 과정이다. 즉 송신자(기업·조직)가 수신자(소비자)에게 TV·라디오·신문·잡지 등과 같은 특정매체를 통하여 광고 메시지를 전달하는 커뮤니케이션 방법의 하나이다.

김광수(1999)에 따르면, 일반적으로 메시지는 송신자가 어떠한 사항에 따른 아이디어를 창출해 낸 후 이를 바탕으로 한 메시지를 만들고(encoding), 채널을 통해서 수신자에게 전달하게 된다. 그러면 수신자는 전달된 메시지를 해독하고, 분석(decoding)한 다음 반응을 보이게 된다. 이 반응은 다시 메시지로 전환되어 송신자에게 다시 보내짐으로써(feedback) 메시지 전달의 전체 모습은 연속적인 형태의 모습을 띠게 된다. 이러한 과정속에는 잡음(noise)이라는 커뮤니케이션의 방해 요소가 돌출하게 된다. 인쇄나 표기 수단이 잘못된 메시지의 전달이나 경쟁 요소들의 동일 메시지 전달 등이 잡음(noise)의 예이다.

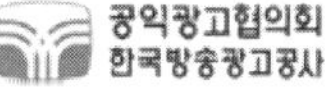

3) 한국방송공사의 에너지 절약 공익 광고 이미지

2) 마케팅적 관점

기업의 목표는 이윤 창출이다. 이를 위해 기업은 효율적인 경영을 한다. 좋은 제품을 생산하고, 뛰어난 인재를 채용하여 활용하며, 자본을 원활히 운용하고 조직을 제대로 관리하는 등 각 기능의 유기적인 역할을 유지하고 발전시킨다.

이러한 기업 경영으로 마케팅도 점차 그 기능이 복잡해져 가고 있다. 우리가 알고 있는 단순 판매 개념의 마케팅은 이제 존재하지 않는다. 상품의 교환 행위를 위해 아이디어의 도출, 서비스에 대한 기획이나 집행 과정의 복잡한 경영 행위가 곧 마케팅이다. 흔히 상품(product) · 유통(place) · 가격(price) · 촉진(pro-motion)으로 불리는 마케팅의 요소인 4P는 모든 판매에 영향을 미치며, 이를 효과적으로 종합하여 소비자들에게 만족을 전달해 주는 역할을 한다. 이를 마케팅 믹스(marketing mix)라고도 하는데, 이러한 마케팅 믹스는 생산자와 소비자 간의 커뮤니케이션을 원활하게 한다. 즉 기업은 마케팅 믹스를 통해 광고라는 활동을 바탕으로 기업의 이윤을 창출하고 있는 것이다.

이처럼 광고를 커뮤니케이션 측면이나 마케팅 측면으로 구분하는 것은 개념에 대한 단순 분류 작업으로 좋을 수 있다. 하지만 이 두 개념을 상호 배제의 요소가 아니라 상호 보완의 복합 요소로 인식해야 한다. 상업적이나 비상업적 메시지의 전달은 커뮤니케이션의 현상이요, 생산자와 소비자 간의 관계에서 발생되는 필요 충족에 의한 판매, 교환 행위는 마케팅 측면이다. 최근에는 이 두 가지 측면의 의미를 내포하는 의미로서 광고를 마케팅 커뮤니케이션(marketing communication)이라 부르기도 한다.

3. 광고의 특징

광고는 다음과 같은 여러가지 특징들을 가지고 있다.

첫째, 광고는 매스미디어나 기타 매체를 통해 전달되는 커뮤니케이션이다. 광고의 메시지는 신문이나 잡지, TV와 라디오 같은 대중 매체를 비롯하여 DVD, 이메일 등 다양한 매체를 통해 수신자에게 전달된다. 그렇지만 대인 커뮤니케이션 활동이 포함되어 있지 않기에, 판촉 영업사원이 소비자와 접촉하면서 판매하는 행위는 광고 영역에 포함되지 않는다.

둘째, 광고는 설득을 목적으로 하는 설득 커뮤니케이션이기도 하다. 제품 판매를 위한 광고는 설득을 통해 소비자의 구매 동기를 유발한다. 비영리 광고의 예로서 캠페인을 위한 공익 광고는 설득을 통해 대중의 생각과 행동을 움직이는 데 그 목적을 둔다.

셋째, 광고는 일대일 커뮤니케이션이 아니라, 집단이나 단체를 수용자로 설정하여 전개되는 커뮤니케이션 활농이다. 메일링 서비

4) KT&G의 시골 버스편 광고 이미지

스와 같이 상대방의 이름을 써서 보내는 것처럼 일대일로 커뮤니케이션하는 활동이 있기는 하지만 광고는 보통 다수를 대상으로 하는 것이다.

넷째, 광고는 송신자의 신분을 명확하게 밝혀야 한다. 광고의 목적이 광고 집행의 주체를 소비자에게 제대로 알려 주는 것이기 때문이다. 하지만 송신자의 신분이 철저하게 감추어진 광고도 종종 등장하기도 한다. 티저(teaser) 광고 같은 특수 광고 기법을 사용하여 수용자의 호기심을 야기하고 광고의 극대적인 효과를 얻기도 한다.

다섯째, 광고의 송신자는 송신을 위해 비용을 지불한다. 비용이란 광고비를 말하는데 흔히 신문이나 잡지 같은 지면이나, TV나 라디오 같은 시간대 전파 사용에 대한 비용을 말한다. 하지만 지면에 홍보성 기사가 실리는 경우와 무료 광고같이 비용이 발생되지 않는 광고도 있다.

여섯째, 광고는 유형의 제품뿐만 아니라 무형의 서비스도 포함한다. 휴대전화·자동차·과자 등과 같은 소비재의 제품 판매를 촉진할 뿐만 아니라 기업 이미지·은행·증권·헤어샵과 같은 무형의 서비스를 소비자에게 강하게 어필하여 주기적으로 사용을 권유하는 것이다. 공익 광고와 같은 사회 캠페인성 광고도 이에 속한다.

한편, 모든 광고는 송신자가 수신자에게 일련의 어떤 결과론적 행동을 유발시키는 것 같지만, 결산 공고나 공시처럼 알림을 목적으로 하는 예외적인 광고도 있다.

4. 광고의 역할

현대 사회 속에서 광고는 소비자와 사회에 영향력을 행사한다. 즉 미시적 측면에서 광고는 소비자들에게 기업의 제품을 알리거나 판매를 촉진하는 마케팅적 기능을 수행한다. 그리고 거시적 관점에서는 사회 전반에 걸친 경제적 · 사회적 기능을 동시에 수행하기도 한다.

1) 마케팅적 기능

기업은 광고를 이윤 창출 확보를 위한 경영 활동의 한 부문으로 활용한다. 광고의 마케팅적 기능은 바로 광고 메시지에 대한 소비자 반응 정도에 의해 설명된다. 광고에 대한 소비자의 반응은 제품에 대한 인지, 제품에 대한 지식이나 믿음, 제품에 대한 호의적 태도, 구매 행동의 단계로 진행된다.

첫째, 광고는 제품 인지도 형성 기능을 가지고 있다. 신제품을 런칭할 때 담당 마케터는 제품의 브랜드를 제대로 알리고자 한다. 소비자들은 제품을 구입할 때 우선적으로 브랜드가 제대로 알려지고 있는지를 고려하기 때문이다.

둘째, 광고는 제품 선호도 형성 기능을 가진다. 즉 광고 속에 제품의 특징이나 기능을 제공하여 브랜드 선호도나 충성심을 형성한다.

5) 동양매직의 독도 캠페인 광고 이미지

셋째, 제품 차별화 기능이다. 광고 속의 제품은 경쟁사 제품과 뚜렷한 차별성이 부각되어 있다. 소비자들로 하여금 광고를 통해서 해당 제품을 사야만 하는 당위성을 제공하고 있기 때문이다.

넷째, 광고는 제품에 대한 애호도 증대 기능을 수행한다. 광고는 소비자들로 하여금 광고 시청을 통해서 제품에 대한 선호도나 브랜드 충성심을 높여 준다. 한번 구축된 제품에 대한 소비자 신념은 광고를 통해서 더욱 굳건해지는 경향이 있다.

다섯째, 광고는 제품 구매 유도 기능을 가지고 있다. 광고의 최종 목표가 제품 판매에 있듯이, 소비자들로 하여금 즉각적인 구매를 유도하거나 향후 잠재 구매 고객으로 만드는 기능을 수행한다.

2) 경제적 기능

광고는 일반적으로 이윤 창출을 위한 마케팅적 기능을 수행하기도 하지만, 궁극적으로는 사회경제적·문화적 측면에 큰 영향을 주고 있다.

첫째, 광고는 바람직한 소비 습관을 교육시키기도 하지만, 한편으로는 소비를 부추기면서 물질만능주의를 조장하기도 한다. 광고는 건전한 소비문화를 이끌고 생활의 질을 향상시키는 등 긍정적 역할을 하지만, 과장 광고와 허위 광고처럼 소비자에게 부적절한 제품 선택을 강요하거나 소비 패턴의 부정적 시각을 전달하는 기능을 하기도 한다.

둘째, 광고는 소비자들의 제품 구입을 유도하여 제품의 대량 생산을 가능하게 만든다. 이처럼 광고는 물질적으로 풍요한 사회를 만들 뿐만 아니라 기업간 경쟁을 통해 소비자 권익을 보호하는 긍정적 기능을 한다. 하지만 광고비로 인한 제품 가격의 인상과 자본력이 강한 기업의 시장 점유율을 강화하고, 기업의 독점적 위치를 유지시키는 단점이 있다. 또한 소비자의 제품 선택을 방해하거나 제품 구입의 혼돈을 야기시키기도 한다.

셋째, 광고는 다양한 대중문화 창조에 영향을 주고 있다. 즉 대중매체를 통해 대중에게 대량 전달되는 광고의 내용이나 광고기법 등은 하나의 유행이 되어 모방·패러디·키치 등의 새로운 대중문

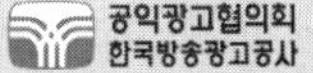

6) 한국방송공사의 공공 에티켓 공익 광고 이미지

화 현상을 유발한다. 더 나아가 광고에 나타난 가치관이나 태도, 생활 양식 등이 실제 대중의 의식과 태도에 영향을 미치기도 한다.

광고 이미지 출처

1) SK텔레콤 홈페이지 http://www.sktelecom.com
2) 세도나미디어 홍보팀 제공
3) 한국방송광고공사 홈페이지 http://www.kobaco.co.kr
4) KT&G 홈페이지 http://www.ktng.com
5) 동양매직 홍보GI팀 제공
6) 한국방송광고공사 홈페이지 http://www.kobaco.co.kr

참고 문헌

강상편 · 채백 엮음(2002), 《대중매체의 이해와 활용》, 서울: 한나래.
김광수(1999), 《광고학》, 서울: 한나래.
송용섭 · 리대룡(1989), 《현대광고론》, 서울: 무역경영사.
안광호 · 이유재 · 유창조(2004), 《광고관리》, 서울: 법문사.
양영종 · 김상훈 · 정걸진(2002), 《디지털시대 광고론》, 서울: 형설출판사.
오택섭 · 강현두 · 최종호(2003), 《미디어와 정보 사회》, 서울: 나남출판.
이종호(1996), 《광고론》, 서울: 경문사.
이두희(1997), 《광고론》, 서울: 박영사.
장대련 · 한민희(2000), 《광고론》, 서울: 학현사.
정어지루(2000), 《순애드버타이징》, 서울: 형설출판사.
정어지루(2006), 《新광고학》, 서울: 형설출판사.
Arens, William F.(1999), *Contemporary Advertising*, 7th ed(Boston: Irwin/McGraw-Hill).
Bovee, Courtland L., John V. Thill, George P. Dovel, & Marian Burk

Wood(1995), *Advertising Excellence*(New York: McGraw-Hill, Inc.).

Gue'rin, Robert(1957), *Les Francais Naiment la Publicite*.

Ogilvy, David(1963), *Confession of an Advertising Man*(New York: Atheneum).

Rotzoll, Kim B. & James E. Haefner(1986), *Advertising in Contemporary Society: Perspectives toward Understanding*(Cincinnati, Ohio: South-Western).

제2장
광고의 역사와 종류

1. 광고의 역사

1) 우리나라 광고의 역사

우리나라 최초의 광고를 찾기는 쉽지 않다. 왜냐하면 전해내려온 문헌적 자료가 충분치 않기 때문이다. 신인섭에 따르면, 1123년(인종 원년)에 고려에 왔던 송나라 사람이 쓴 《고려도경》이란 책에 개성의 광화문에서 부급관까지의 길 옆에는 시전 건물이 들어섰는데, 이 건물에 상호를 나타내는 간판이 붙어 있었다는 묘사가 있었다. 주작거리 등 상점을 알리기 위한 간판들이 광고의 시작일 수도 있다는 자료인 셈이다.

그러나 이같은 역사적 추론에 의해 광고의 역사를 찾아보는 것보다는 근대적 의미의 광고의 역사에 초점을 맞추는 것이 좋겠다. 여기서는 《광고정보》(99년 9월) "고도성장의 굴곡을 넘어 이제 도약을 준비할 때"와 신인섭의 《한국 광고사》를 중심으로 우리나라 광고의 역사를 알아보고자 한다.

① 1880년대 이전(근대 광고 이전)

기록상으로 우리나라에서 처음 등장한 광고 행위는 고려시대와 조선시대의 가게나 상점 앞에 간판을 걸어 놓은 것이 효시이다. 예를 들어 고려시대 개경의 가게에는 광덕(廣德)·통상(通商)·효의(孝義) 등의 간판이 있었다고 한다. 그러나 실제로는 방(榜)을 통해 정보를 전달하는 행위나 행상(行商)들이 목소리 또는 다른 신호로 손님을 부르는 행위가 간판을 내걸리기 이전부터 있었을 것이다.

② 1880-1900년대(근대 광고 시작)

근대 광고는 대중매체의 발달과 함께 출현하였다. 인쇄매체의 발달로 인하여 신문이 보편화되었고, 신문에 광고가 실리면서 본격적인 근대 광고가 출현하였다. 신문 광고의 시작은 전문적인 카피라이터가 나타나기 시작한 1886년부터로 볼 수 있다. 이후 종합 광고대행사가 등장한 1960년대까지 80여 년간을 근대 광고의 시기로 본다.

대중매체에 광고가 처음 등장한 것은 1886년 2월 22일 한성주보에 게재된 '덕상세창양행고백(德商世昌洋行告白)'이다.

신문 광고가 본격적으로 정착된 것은 1896년 독립신문·황성신문·대한매일신보 등 여러 신문매체가 창간될 무렵이다. 점차 신문에 많은 광고가 게재되면서 신문 광고가 활발하게 되었고, 이 외

德商世昌洋行告白

啓者本行今開在朝鮮專取虎類貂鼠牛馬狐狗各植皮貨并人髮牛馬猪鬃尾倘爪蛤蟆烟紙五榴子菌薪蔴等物凡蒙　貴客商買有此貨物　不拘多寡概行收買即所將貨携至本行公平交易可也特此

計開

取　手皮　馬皮　狗皮　虎皮
買　豹皮　水獺皮　灰鼠皮　馬尾
各　牛尾　馬鬃　牛角　虎爪
貨　入髮　馬鬃　猪鬃
蛤螺　紙烟　五榴子　古銅錢

啓者德昌馬洋行今在朝鮮自運外國各種自鳴鐘娑洋袜八音榮琥珀玻璃各樣洋燈洋鈕扣各色洋羽紗發洋標布疋以及染衣餙明顏料洋鈕洋線自來火等物貨色鷹寶價值公道凡蒙　貴客士商賜顧者察折蹙批發可交易銀洋照市童叟無欺諳認明本行脚記庶不致惧

計開

新　洋標布　各色染料　洋裌縺　絲染料
到　漂洋布　各樣洋扣　漂裌縺　琥珀
各　頂細洋布　洋廛管　洋藍巴　鐘裳
貨　本色二細布　洋燈　洋紗　洋晨
洋　羽紗　玻璃　洋袞　自來火
　　八音榮　敬璃　洋綵

德商在朝鮮世昌洋行告白

1) 한성주보에 실린 최초의 광고 덕상세창양행고백 광고 이미지

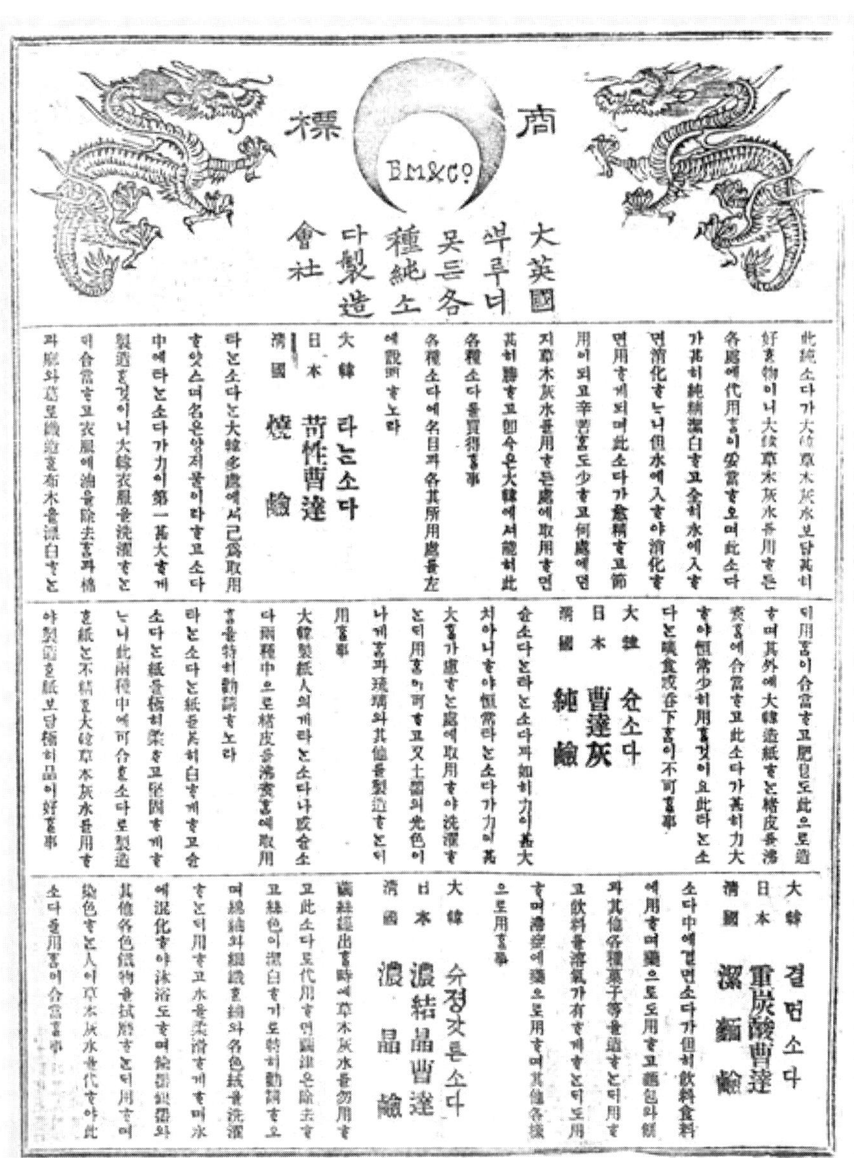

2) 황성신문 1899년 11월 14일자에 실린 우리나라 신문 최초의 전면광고 이미지

에 드물긴 하지만 잡지 · 전봇대 · 전단 · 전차 · 간판 등의 매체에 광고가 실리기 시작하였다.

③ 1910~1940년대(일제하 광고)

일제시기에는 일제의 탄압에 의해 우리글 신문이 하나둘씩 폐간 혹은 정간되었다가 총독부기관지인 매일신보만이 우리말 신문으로 존재하게 되었다. 1920년에는 동아일보와 조선일보가 창간되기도 하였는데, 이즈음 사진을 이용한 광고가 처음으로 게재되었다. '태양됴경환' 광고가 바로 그것이다. 1920년대 및 1930년대의 광고 대행업계는 덴쯔 등 일본계 회사가 지배를 하고 있었는데, 이러한 일본계 회사의 틈새 속에서 한국인이 운영하는 백영사 · 삼광사 등이 광고업을 하였다. 영화사들은 프로그램을 일주일에 한번씩 인쇄물로 만들어 배포하였다. 한편, 광고의 학문적 연구의 시작은 연세대학교에서 출발하였다. 1935년에 처음으로 광고론이 강의되기 시작하였고, 1937년에는 조선일보사에서 광고 강좌를 개설하여 본격적인 광고 교육이 이루어졌다.

④ 1950년대(TV 광고 개막)

해방 후 1957년에 설치된 한국일보 '광고국'은 처음으로 조직적으로 광고 대행 기능을 수행한 기관이었다. 이 광고국은 후에 국내 첫 광고 대행사라 할 수 있는 '한국광고사'로 발전하는 초석을 다졌다. 1956년에는 국내 최초의 TV방송국인 HLKZ-TV가 개국되

3) 동아일보 1924년 11월 22일자에 실린 부인약 광고 이미지

4) 금성사의(현 LG전자) 라디오 광고 이미지

어 TV 광고 시대의 막을 열었다. 하지만 1959년에 화재로 중단되기에 이른다. 또한 1959년에는 부산 MBC가 개국하면서 라디오 광고 방송이 전파를 타기 시작하였다. 이 시기 광고 카피의 특징을 살펴보면 1950년대에는 브랜드만을 알리는 단순 광고가 주를 이루었으나 1960년대에는 브랜드의 장점을 자세하게 설명하는 이른바 '꽉 찬' 광고가 많아졌다. 무엇보다도 HLKZ-TV 광고는 슬라이드 화면을 이용하여 브랜드를 소개하는 특징이 있었다. 진로소주의 CM송은 1959년 부산문화방송에 소개되면서 크게 성공한 대표적 광고였다. 진로소주의 성공에 힘입어 CM송은 이후 우리나라 방송 광고의 트랜드로 자리잡았다.

5) 영진약품의 구론산바몬드 광고 이미지

⑤ 1960~1970년대(광고의 현대화)

1960년에 첫 광고전문지인 '새광고'가 창간되었다. 1961년에는 황창규의 〈신문 광고에 관한 실증적 고찰: 미국·일본·우리나라를 중심으로〉라는 광고 학술 논문을 시작으로 우리나라 광고의 학술적 연구가 본격적으로 이루어졌다. 이후 1964년에는 김원수·유붕노·김용진 등이 '광고론' 교과서를 저술하는 등 다양한 학술적 활동이 펼쳐지기 시작하였다.

1968년과 1969년에는 코카콜라와 펩시콜라가 각각 상륙하여 국내 광고의 국제화 물결을 이끌었다. 이와 함께 음료 시장의 경쟁 심화는 광고 카피의 현대화를 촉진하는 계기가 되었다. 방송 광고에서는 1963년부터 KBS-TV에 광고가 일부 등장하긴 했지만, 본격적인 상업 광고는 1969년 MBC-TV의 개국부터 시작되었다. 인쇄매체에서

6) 1970년대 해태제과
써니텐 광고 이미지

는 1970년 조선일보 지면에 컬러 광고가 처음으로 게재되면서 현대화가 이루어졌다. 1970년대의 TV 광고 중 유명한 것으로는 아로나민 "의지의 한국인," 용각산 "이 소리가 아닙니다," 코코시럽 "어린이들의 야구, 권투," 농심라면 "형님 먼저 드시오," 브라보콘 "12시에 만나요," 써니텐 "흔들어 주세요" 등이 있다.

이 시기부터 광고 산업은 광고 조직, 광고 인력, 카피, 매체 등 모든 면에서 서서히 현대적인 틀을 갖추게 되었다. 광고 대행사도 점차 현대적인 조직 체계로 변모하기 시작하였는데, 1969년 만보사, 1973년에는 제일기획 등이 창립되었다. 또한 대학들마다 본격적으로 광고학을 개설하기 시작하었는네, 1974년에 중앙대학교기

처음으로 광고학과를 설치하기에 이른다.

⑥ 1980년대(광고 산업의 급성장기)

1980년에 있었던 언론 기관 통폐합과 1981년 한국광고방송공사(KOBACO)의 창립은 광고 산업 환경에 큰 변화를 가져다 주었다. 여기에 1981년 컬러 TV 방송의 시작은 변화된 광고 환경과는 별개로 우리나라 광고 산업의 성장을 이끄는 출발점이 되었다. 컬러 TV는 카피를 쓰는 이들에게 무제한으로 창의력을 표현할 수 있는 표현의 장을 제공한 것이다. 처음에는 광고 물량의 급증과 전문가의 부족으로 순수 창작이 아닌 일본이나 미국 등 해외 카피를 모방한 광고물들이 많이 등장하여 문제가 되기도 하였다. 컬러 TV 광고의 등장으로 광고의 규모와 위력은 점점 높아지고 있었지만, 이에 대한 비판도 강하게 나타나게 되었다. 1985년에는 KBS1-TV에서 술과 유흥업 광고를 전면 폐지하기도 하였다.

1980년대 후반부터는 대한민국 광고 산업의 르네상스기다. 1987년부터 대통령 선거에 광고가 적극 이용되었으며, 1989년에는 인쇄매체의 판매부수공사 실시를 준비하는 한국 ABC가 발족하였다.

⑦ 1990년대 이후(광고 산업의 국제화)

1991년에는 국내 광고 시장이 개방되어 광고 대행사의 국제 경쟁이 본격화되었다. 또 1991년에는 SBS-TV 방송이 개국하여 TV 광고 물량의 극심한 적체 현상을 완화시키면서 광고 시장이 확대되는

7) 포털사이트 네이버 인터넷 배너 광고 이미지

계기가 되었다.

1996년에는 한국 **IBM**이 처음으로 인터넷 광고를 서비스하기 시작하였다. 이때부터 인터넷을 이용한 광고가 급속히 증가하기 시작하였는데, 1999년 인터넷 광고는 3백50억 원, **PC**통신 광고가 3백억 원에 이르는 등 호황을 이루었다. 인터넷을 활용한 각종 사업의 빠른 증가 조짐이 예상됨에 따라 인터넷 광고 관련 광고 규모는 당분간 매우 가파른 성장율을 기록할 것으로 보인다.

이후 국내 총 광고비는 급격히 성장하였는데 1981년에는 약 3천 2백억 정도의 규모였던 것이 1987년에는 1조원을 1990년에는 2조 원을 돌파하였으며, 1996년에는 5조 6천억 규모에 달하였다. 이후 급격한 불경기와 **IMF**로 인한 경기 침체로 1998년에는 3조 5천억 원 규모로 총 광고비가 감소하였으나, 1999년에 다시 회복세를 보이면서, 2000년 방송 광고의 경우는 총규모가 1998년보다 43퍼센트 성장한 1조 6천억 원 규모에 이르렀다. 월드컵이 열린 2002년을 기점으로 국내 총 광고비의 규모는 급격하게 증가하였고, 2004년에는 그 규모가 약 6조 6천억 원에 이르고 있다.

2) 국제 광고의 역사: 미국 광고의 역사

전세계적으로 가장 먼저 발견되는 광고는 간판과 같은 표시물이나 포스터, 종이 인쇄물 등에 의한 광고이다. 여기서는 세계 최대의 광고 시장인 미국의 사례를 중심으로 근대 국제 광고의 발전 과정을 살펴보겠다. 엥겔(Jack Engel)의 《Advertising》과 장대련 · 한민희의 《광고론》를 중심으로 정리하여 살펴보고자 한다.

① 근대 광고의 시기(~1900)

1800년대 후반 미국 사회는 대중 교육 체제가 발전하고 문맹률이 낮아지면서 인쇄매체를 찾는 사람들이 급증하기 시작하였다. 이와 함께 인쇄매체도 급속히 발전을 하였다. 이 시기부터 신문 광고의 역할이 매우 중요해지기 시작하였고, 신문 지면을 확보하여 광고를 파는 최초의 광고 중개인이 등장하기도 하였다. 광고 중개인들에게 중계 수수료 25퍼센트를 지급하는 방식을 토대로 광고의 본격적인 영업이 시작되었다.

19세기말에 나타난 인구 증가, 문맹률 감소, 기술의 발전, 교통의 발달 등과 같은 현상은 미국 내 기업들의 사업 규모를 급속히 성장시키는 계기를 가져왔다. 이때부터 기업의 명성을 널리 알리기 위하여 기업의 로고나 브랜드명을 많이 사용하게 되었는데, 이것이 광고 발전을 촉진하는 계기가 되었다. 이와 함께 광고량의 증가는 매체사의 광고 수입을 증가시킴으로써 매체의 보급 단가를 낮추었고, 이는 다시 매체의 보급 속도를 빠르게 하였다. 1870년대에 이르러 광고에 관한 모든 서비스를 제공하는 종합 광고 대행사가 등장하였는데, 에이어(N. W. Ayer) · 톰슨(Walter Thompson) 등이 그러한 회사였다. 광고 대행사와 광고주, 매체사 간의 상호 역할 관계는 19세기말에 완전히 정립되었고, 15퍼센트 수수료의 관례도 이 시기에 정착된 산물이었다.

② 카피 발전의 시기(~1929)

광고 효과를 증대시키기 위해 많은 노력을 집중한 시기로 무엇보다도 카피의 발전이 뚜렷한 시기였다. 카피라이터들은 광고를 "물건을 살 이유를 제공해야 한다"고 수상하고, 창의직 카피의 개발을 위해 광고 조사 행위를 펼쳤다. 소비자의 마음을 사로잡으려는 노력은 스쿠트(Walter D. Scoot)의 광고의 심리학(Psychology of Advertising)을 탄생시키는 계기가 되었다.

1922년에는 라디오의 등장과 함께 효과적인 이미지 전달을 위해 광고에 징글(jingle)을 많이 사용하였다. 또한 광고 산업 규모가 커짐에 따라 자율적 광고 규제 조직도 탄생하였는데, 미국광고대행사협회(AAAA: American Association of Advertising Agency)가 이 시기에 만들어진 대표적인 단체이다.

③ 광고 신뢰도 형성의 시기(~1947)

1930년부터는 광고의 창의성이 중요시되는 시기였다. 이를 바탕으로 광고의 위력이 점차 커지면서 한편으로는 광고의 기만성에 대한 비판 여론이 나타나기도 했다. 이 시기의 주요 광고 메시지의 초점은 '소비자가 물건을 살 이유를 효과적으로 제공'하는 것이었다. 광고에 유머를 사용하기 시작하였고, 상품에 대한 설명을 매우 긴 문장으로 전달하기도 하였으며, 신뢰도를 높이기 위하여 유명 아나운서·배우·전문직업인·소비자 등이 광고 모델로 동원되는 등 다양한 광고 기법들이 등장하였다.

또한 이 시기에는 처음으로 광고주에게 객관적 데이터를 제공하기 위하여 매체별 청중수와 광고 효과를 조사하기 시작하였다. 닐슨(Nielsen)·갤럽(Gallup)·스타치(Starch) 등의 유명 조사 기관이 이때에 등장한 대표적인 회사이다.

④ TV 출현의 시기(~1969)

 TV가 출현했던 초기에는 TV 광고와 라디오 광고 간 차이가 별로 없었다. 그러나 점차 기술이 발전하면서 광고에 시각적인 효과가 활용되기 시작했고, 화려한 그래픽 영상미가 TV 광고의 수준을 질적·양적으로 크게 변화시켰다. 또한 시장에서 경쟁 제품이 급증함에 따라 리브스(Rosser Reeves)가 언급한 '고유한 판매 명제(USP: Unique Selling Proposition)'를 강조하는 광고가 보편화되기 시작하였다.

 '여러 대안 중에서 특정 브랜드를 사야 하는 이유를 제공'한다는 의미의 USP는 1960년대 이후 브랜드 강조기법의 대표적인 장치로 자리잡았다. 기업들과 광고 대행사는 치열한 광고 경쟁 속에서 소비자의 주목을 이끌어 내기 위하여, 고객의 눈길을 끄는 각종 후크(hook)기법들을 동원하기 시작하였다. 소비자들의 시선을 유도하기 위하여 가장 많이 사용한 기법은 다양한 유머를 사용하는 것이었다.

⑤ 체계적인 광고 계획의 수립 시기(1970~)

 1970년대로 접어들면서 사회는 안정되었고, 경제는 풍요해졌으며, 교육 수준은 높아지고, 소비자의 취향은 다양화되었다. 또한 개성 있는 각종 제품이 등장하였으며, 경쟁 제품의 수도 급속하게 증가하였다. 이에 따른 매체 사용의 비용 또한 급속한 증가 추세를 보였다. 이러한 상황에서 광고의 단순한 시선 끌기 수법은 소비자들에게 더 이상 효력을 발휘하지 못했다. 단순한 광고 집행은 광고의 효용을 이끌어 내기에 부족했기 때문에 점차 광고 비용을 고려한 효율적인 광고 경영이 부각되기 시작하였다. 광고할 제품과 품목이 늘어나면서 광고비를 적절하게 배분하는 일이 얼마나 중요한 것인지 새롭게 인식한 것이다.

이에 따라 광고 경영에서는 광고 조사를 토대로 종합적인 마케팅 전략하에 면밀한 광고 계획을 수립하는 과정을 도입하였다. 그 예로 통합 마케팅 커뮤니케이션(integrated marketing communication)이 대표적이다.

1980년대 후반에 나타난 광고계의 특징은 국제 광고 대행사간의 합병 현상이다. 미국이나 영국의 최대 광고 대행사들이 거대 광고 대행그룹을 형성하기 시작하였는데, 아커(Aaker)·배트라(Batra)·메이어(Myers)는 이런 현상을 "광고주들이 국제화와 합병으로 더 큰 규모의 사업이 필요하게 되고, 고객의 종합 마케팅 및 커뮤니케이션 전략을 기획하고 실현하기 위하여 마케팅 조사기관, 판촉 전문업체, 직접 마케팅 전문업체 등을 포괄적으로 소유할 필요를 느꼈으며, 경쟁 상태에 있는 광고주들을 모두 자신의 고객으로 만들 필요가 있다"라고 설명했다. 한편 1990년 후반부터는 인터넷을 이용한 광고가 급속히 증가하면서 광고 시장의 재편을 가져왔다.

2. 광고의 종류

광고에는 다양한 수단이 동원된다. 일반적으로 광고는 제품의 여러 특징에 따라서 분류되지만 광고주 역시 다양하다. 기업뿐만 아니라 개인이나 단체, 정부 기관 등도 광고주가 되어 광고를 활용한다. 조직도 상품이 될 수 있고, 사람도 광고 상품이 되기도 한다. 이들의 광고 활용 목적은 다양하고 복잡하기 때문에 그 사용에 따라서 광고의 형태나 유형이 여러 명칭으로 불리기도 한다. 따라서 광고라 하더라도 구체적으로 광고의 형태를 명확하게 파악하기는 어렵다. 그러나 일반적으로 광고의 종류를 분류하기 위해서 다음과 같이 크게 송신자와 광고 소구 대상자, 소구 지역, 사용매체, 메시지의 내용 및 형태와 광고 목표 등으로 구분한다.

첫째, 송신자는 광고 행위자의 성격에 따라서 상업적 광고와 비상업적 광고로 구분한다. 상업적 광고는 생산자·도매상·소매상이 광고주인 광고다. 비상업적 광고는 정치집단·종교집단·정부·노조·학교 등이 광고주인 광고이다.

둘째, 광고 소구 대상자는 목표 시장을 의미한다. 소비자 광고·비지니스 광고·산업 광고·유통점 광고·전문직 광고·농업 광고로 구분된다. 소비자 광고는 개인 소비자나 가정을 대상으로 하는 광고이며, 비지니스 광고는 사업이나 업무도 세품을 구매하는

8) VK모바일의 광고 이미지

9) 서산테크노폴리스의 광고 이미지

사람을 대상으로 한다. 산업 광고는 기업의 하드웨어(설비, 시스템 등)를 구매하는 사람을 대상으로 하는 광고로, 전형적인 B to B (Business to Business) 광고의 일종이다. 유통점 광고는 소비자 판매를 위해 제품을 대량으로 구매하는 도매상이나 소매상 등 중간 상인을 대상으로 하는 광고를 말한다. 전문직 광고는 의사나 변호사, 요리사같이 전문 직종의 면허를 취득한 사람을 대상으로 하는 광고이며, 농업 광고는 농업 종사자나 관계자 그리고 농업 경쟁자 등을 그 대상으로 한다.

셋째, 소구 지역에 따라서 지역 광고·권역 광고·전국 광고·국제 광고로 구분하기도 한다. 지역 광고는 해당 동네나 해당 도시에만 하는 광고이고, 권역 광고는 여러 해당 시역을 포괄하는 광고이며, 전국 광고는 해당 국가의 상당 지역을 포괄하는 광고이다. 또 국제 광고는 해당 국가의 국가 경계를 넘어 외국을 포함하는 광고 이다.

넷째, 방송 광고 · 인쇄 광고 · 옥외 광고 · 기타 매체 광고 등 사용매체에 따라서 구분한다. 인쇄 광고는 신문이나 잡지에 게재된 광고를 말하며, 방송 광고는 TV나 라디오로 전달되는 광고이다. 옥외 광고는 포스터 · 간판 · 전광판과 같은 야외 광고와 버스나 지하철과 같은 교통 광고를 지칭한다. 기타 매체 광고로는 케이블TV · DMB · 직접 우편 · 전화번호부 · 인터넷 등의 광고가 있다.

다섯째, 광고의 목적에 따른 제품 광고, 기업 이미지 광고, 공익 광고, 의견 광고도 있다. 제품 광고는 제품이나 서비스 판매를 주된 목표로 하는 광고이다. 기업 이미지 광고는 기업의 브랜드나 로고, 회사의 가치를 광고하는 무형의 광고로 비제품 광고의 대표적 유형 이다. 공익 광고는 사회적 계몽이나 대의명분을 내세운 광고를 말 하고, 의견 광고는 사회적으로 논란이 되는 이슈나 트렌드에 영향 력을 행사하는 광고이다. 또한 전반적 수요 광고와 선택적 수요 광 고도 광고의 목적에 따라 구분되는데, 전자는 한 상품의 수요 촉진 을 목표로 하는 광고를 말하며, 후자는 특정 브랜드의 수요 촉진을 목표로 하는 광고를 칭한다.

여섯째, 광고 소구 형태에 따라서 감정 광고와 이성 광고로 구분 한다. 감정 광고는 사람의 감정을 중심으로 심리적 인지에 작용하 여 제품 판매를 유도하는 광고로서 화장품 · 패션 · 음료수 등에 자

10) KT&G의 상상예찬 광고 이미지

주 보이고, 이성 광고는 사람의 감정이 아니라 논리적 설명을 중심
으로 이성에 호소하는 광고로 주로 고액 내구제 소비재나 부동산
광고 등에 자주 보인다.

한편 광고의 성격상 광고는 일반적으로 다음과 같은 유형으로 구
분되기도 한다.

1) 브랜드 광고

브랜드 광고는 전국 광고라고도 하며, 전국의 모든 소비자를 대
상으로 한다. 통상적인 브랜
드 광고란 전국적으로 유통
되는 제품을 대상으로 그 상
품에 대한 독특한 이미지를
개발하는 데에 초점이 맞추
어진 광고이다. 광고를 통해
직접적인 제품 판매를 자극
하기보다는 제품에 대한 친
근한 분위기나 호의적인 이
미지를 만들어 내는 데 초점
을 둔다. 대부분의 광고가
이 유형에 속한다. 삼성전자

11) 브랜드 광고인 LG전자의
엑스캔버스 광고 이미지

나 LG전자 등의 소비재 광고 대부분이 브랜드 광고이다.

2) 소매점 광고

소매점 광고의 목적은 특정 상점에서 광고된 제품에 대해 즉각적인 판매를 하려는 것이다. 브랜드 광고와는 다르게 지역적 소규모 광고를 말하며, 제품이나 서비스를 바로 구매할 수 있는 점포나 상점에 초점을 맞춘다. 광고 메시지는 주로 해당 지역에 비치되어 있는 제품을 소비자에게 알림과 동시에 구매 유도를 목적으로 한다. 상점이나 가게의 독특한 이미지를 창출시켜 해당 지역 소비자들이 즐겨 찾을 수 있도록 만든다. 소매점 광고는 제품의 가격, 소매점의 위치, 영업 시간, 이용의 용이성 등을 강조한다. 대표적인 형태로는 세일(Sale) 광고 등이 있다. 식품, 의류 등 생필품 광고 대부분이 소매점 광고이다.

3) 공동 광고

전국 광고와 소매점 광고의 혼합형인 공동 광고(cooperative advertising)는 제품 생산자(광고주)가 유통망을 가지고 있는 소매점(양판점, 대리점 등)과 협력하여 공동으로 광고를 진행하는 형태이다. 보통 제품 생산자는 광고 프로그램을 위해 광고 지면의 비용 일부를 분담하고 포스터나 전시대, 간판 등을 활용하여 판족을 속신

12) 소매점 광고인 전단지 광고 이미지

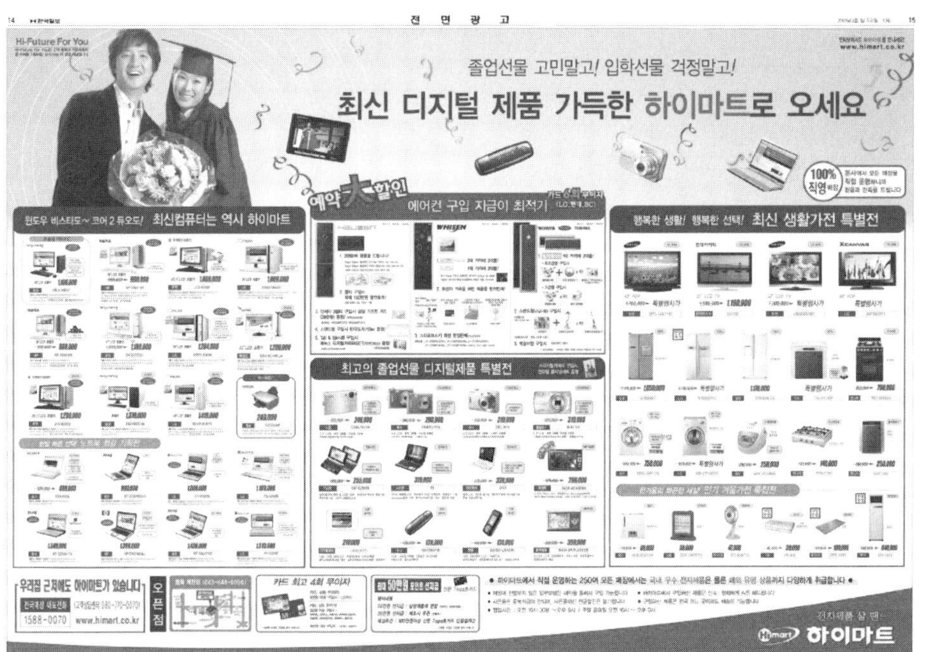

13) 공동 광고인 하이마트 광고 이미지

시킨다. 삼성전자나 **LG**전자가 어느 특정 지역의 소매점이나 대리점을 통해 자사의 제품 판매를 촉진하는 동시에 그 지역의 소매점 혹은 대리점의 이미지 개선을 위해 광고를 지원하는 경우가 대표적 예이다. 삼성 디지털 플라자, 하이마트, 전자랜드 등의 광고 대부분이 공동 광고이다.

4) 직접 반응 광고

　직접 반응 광고(direct-response advertising)는 광고를 접촉하는 즉시 구매 행동으로 유도하는 광고를 말한다. 백화점이나 슈퍼마켓, 인터넷 쇼핑몰 바겐세일이나 가구나 잡화 전문점의 할인 판매 광고 그리고 직접적인 반응을 촉구하는 쿠폰 광고(DM 포함) 등이 여기에 속한다. 메시지가 직접적이며 오직 판매만을 위한다는 점에서 전국 광고, 소매점 광고와는 다르다. 소비자는 전화나 이메일, 우

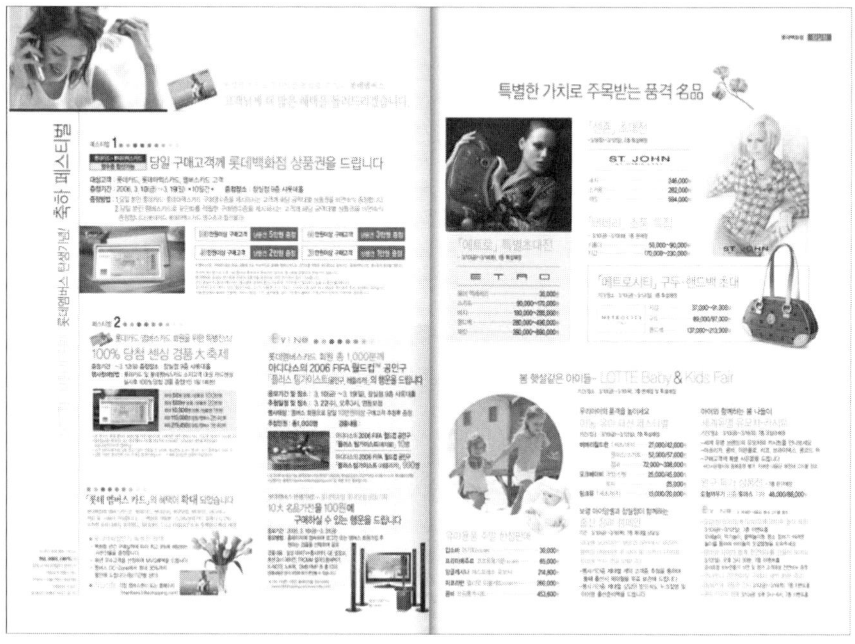

14) 직접 반응 광고인 롯데백화점 광고 이미지

편 등으로 응답할 수 있으며, 구입한 제품은 택배나 우편 등 여러 배달 경로를 통해 소비자에게 직접 전달된다. 백화점이나 할인점 광고, 인터넷 쇼핑몰 광고의 대부분이 직접 반응 광고이다.

5) 비지니스 광고

비지니스 광고(business to business adverting)는 산업 광고나 유통 광고, 전문 광고를 모두 일컫는 말이다. 산업 광고는 생산재 메이커가 그 구입자나 사용자를 대상으로 하는 업계지를 중심으로 이루어지는 광고이다. 생산에 필요한 원자재나 건설 기계, 공작 기계, 부속 부품, 화학 제품 등을 소재로 생산재 메이커가 직접 집행하므로 생산재 광고라고도 한다. 유통 광고는 제조업자가 도매상이나 소매상을 대상으로 제조사 제품의 구입과 판매를 촉구하기 위해 행하는 광고이다. 업자 광고라 부르기도 한다. 전문 광고는 제조업자나 서비스업자가 의사나 변호사, 공인회계사 등의 전문가를 대상으로 광고를 전개하는 것이다. 비지니스 광고는 통상적으로 전문지나 업계지, 업계 출판물을 중심으로 이루어진다. 산업-비지니스 광고이기에 포스코·삼성중공업·현대중공업 등 설비 관련 기업들 대부분이 비즈니스 광고를 한다.

15) 비즈니스 광고인 두산중공업 광고 이미지

16) 기업 광고인 SK텔레콤 광고 이미지

6) 기업 광고

기업 광고는 기관 광고로도 불린다. 조직이나 구성원의 견해가 대중의 지지를 얻을 목적으로 이루어지는 광고이다. 광고 메시지의 초점이 기업이나 기관의 정체성(identity), 색채를 확립하기 위해서 전개된다. 대부분의 기업 또는 기관의 광고는 제품이나 서비스에 초점을 맞추기보다는 그 기업이나 기관의 이미지 제고와 확립에 중점을 둔다. 삼성그룹·LG그룹·포스코·SK텔레콤의 기업 PR 등이 이 광고에 속한다.

7) 공공 서비스 광고

공공 서비스 광고는 공익 광고로서 비영리 광고의 전형이다. 적십자나 구호기금, 암퇴치협회 등의 비영리단체가 그들의 메시지나 아이디어를 알리거나 공공 봉사와 관련된 내용을 전달하고자 행하는 광고이다. 공익광고협의회가 하는 공공 광고도 여기에 속한다. 광고 대행사나 매체사는 통상적으로 공공 서비스 광고에 대해서는 광고 서비스 비용을 받지 않는다. 공익광고협의회 광고 등이 이런 광고에 속한다.

17) 공공 서비스 광고인 한국방송광고공사의 광고 이미지

18) 해태제과의 덴티큐 EGCG 애드버토리얼 광고 이미지

8) 정치 광고

정치 광고는 정당이나 정치단체, 개인 후보자가 유권자의 지지를 얻기 위해 전개하는 광고이다. 텔레비전과 라디오에서는 이를 정치 커머셜(political commercial) 또는 폴리스팟(polispot)으로 부르기도 한다. 민주주의 국가에서는 정치 광고가 정치 과정 형성의 중요한 부분이 되고 있다. 정치 광고는 유권자들에게 정당이나 중요 후보자의 정보를 제공하는 순기능과 함께 대중 포퓰러리즘을 바탕으로 한 이미지 정치만이 산재된다는 역기능을 가지고 있기도 하다. 대통령 선거, 국회의원 선거 등 유권자의 표를 얻기 위한 광고가 대부분 이에 속한다.

9) 애드버토리얼

애드버토리얼(advertorial)은 광고(advertisement)와 편집기사(editorial)의 합성어이다. 신문기사 같은 광고를 일컫는다. 애드버토리얼은 광고의 주목과 신뢰를 제고하기 위한 노력의 일환으로 생겨났다. 신문에 게재되는 많은 광고 가운데 이들 광고와 차별화를 시킬 목적으로 기사와 같은 형식을 취한다. 기사처럼 작성되기에 광고가 기사인지 광고인지 구별하기가 쉽지 않다는 점을 십분 활용한 광고이다. 병원이나 특정 약품 광고 대부분이 이런 유형의 광고이다.

10) 인포모셜

인포모셜(informercial)은 정보(information)와 광고 영상(commer-cial)의 합성어로서 시간이 긴 텔레비전 광고를 의미한다. 보통 광고는 15초나 20초, 30초에 불과한 데 비하여 인포모셜 광고는 짧은 텔레비전 프로그램 시간 정도로 진행된다. 단시간에 전달하지 못하는 정보를 좀더 상세하게 전할 수 있다는 장점을 가진다. 케이블 TV이나 위성 TV에서 많이 볼 수 있다. 라꾸라꾸 침대, 잭필드 바지 등의 광고가 대부분 이에 속하는 광고이다.

11) 기타 새로운 형태의 광고

전자, 전기 기술의 발달로 새로운 매체가 등장함에 따라 그에 따른 새로운 광고 명칭이 나타나고 있다. 전통적인 매체로 여겨지고 있는 4대 매체(TV · 라디오 · 신문 · 잡지) 이외에도 케이블 TV · 인터넷 · 위성 TV · 휴대전화 · PMP 등이 새롭게 나타났다. 이들 매체는 유형에 따라 케이블TV 광고 · 인터넷 광고 · 위성 TV 광고 · DMB 광고 등의 광고 형태를 띠고 있다.

광고 이미지 출처

1), 2), 3), 4), 5) 신문박물관 홈페이지 http://www.presseum.or.kr
6) 해태제과 홍보팀 제공.
7) 네이버 홈페이지 초기 메뉴창 http://www.naver.com
8) VK모바일 홈페이지 http://www.vkmobile.com
9) 한컴 기획팀 제공.
10) KT&G 홈페이지 http://www.ktng.com
11) 한컴 기획팀 제공.
12) 엠파스 블로그 http://search.empas.com/search/img.html?q=%C0%FC%B4%DC%C1%F6%B1%A4%B0%ED&e=71&wi=58&wm=47&fv=V&n=17&cw=87
13) 한국일보 2007년 2월 3일자.
14) 롯데백화점 홈페이 http://www.lotteshopping.com/shopping/main.jsp
15) 두산중공업 홈페이지 http://www.doosanheavy.com
16) SK텔레콤 홈페이지 http://www.sktelecom.com
17) 한국방송광고공사 홈페이지 http://www.kobaco.co.kr
18) 한컴 기획팀 제공.

참고 문헌

강상편, 채백 엮음(2002), 《대중매체의 이해와 활용》, 서울: 한나래.
김광수(1999), 《광고학》, 서울: 한나래.
김민환(1996), 《한국 언론사》, 서울: 사회비평사.
김인평(2000), "연중 상승곡선 유지, GS 도입 등 도약의 발판 마련," 〈광고정보〉 1월.
신인섭(1986), 《한국광고사》, 서울: 나남.
신인섭(1999), "고도성장의 굴곡을 넘어 이제 도약을 준비할 때," 〈광고

정보〉 9월.

송용섭 · 리대룡(1989),《현대광고론》, 서울: 무역경영사.

안광호 · 이유재 · 유창조(2004),《광고관리》, 서울: 법문사.

양영종 · 김상훈 · 정걸진(2002),《디지털시대 광고론》, 서울: 형설출판사.

이종호(1996),《광고론》, 서울: 경문사.

장대련 · 한민희(2000),《광고론》, 서울: 학현사.

정어지루(2006),《新광고학》, 서울: 형설출판사.

한국광고단체연합회(1996),《한국 광고 100년》(상하) 서울: 한국광고연구원.

황창규(1995), "광고주의 역할과 변천에 관한 연구," 〈한국의 광고〉, 한국광고학학회.

Arens, William F. (1999), *Contemporary Advertising*, 7th ed(Boston: Irwin/McGraw-Hill).

Bovee, Courtland L., John V. Thill, George P. Dovel, & Marian Burk Wood(1995), *Advertising Excellence*(New York: McGraw-Hill, Inc.).

Jack Engel(1980), *Advertising: The process and practice*(McGraw-Hill).

Mandell, Maurice I. (1984), *Advertising*, 4th ed(Englewood Cliffs, New Jersey: Prentice-Hall, Inc.).

제3장
광고 규제

1. 광고의 윤리

광고는 광고주의 이윤 창출을 목적으로 하는 자본주의의 산물이다. 광고가 달성하려는 목적은 궁극적으로 소비를 조장시키는 데에 있다. 그래서 광고는 사회경제적으로 비판의 대상이 되어 왔다. 소비자들과 시민단체들은 광고가 질실하지 못한 내용으로 사람들의 귀와 눈을 속이고, 광고 제품의 가격을 높이는 주범이라고 인식하고 있다. 그렇기 때문에 그들은 광고를 비윤리적인 것으로 인식하고 있다. 그렇다고 모든 광고물을 비윤리적인 산물로 치부하는 것은 옳지 않다. 광고는 광고주와 광고 관련 종사자들이 믿고 있는 올바른 가치관과 도덕적 기준에 따라 다르게 만들어지기 때문이다.

광고 윤리란 광고가 공적인 측면을 수행하는 데 있어서 준수해야 할 규범 체계이다. 다시 말해서 광고 관련 종사자들과 광고 조직이 광고 행위를 함에 있어서 지켜야 할 가치 기준 혹은 도덕 규범의 총체인 것이다. 따라서 광고 윤리는 광고 관련 낭사자늘 스스로가 시

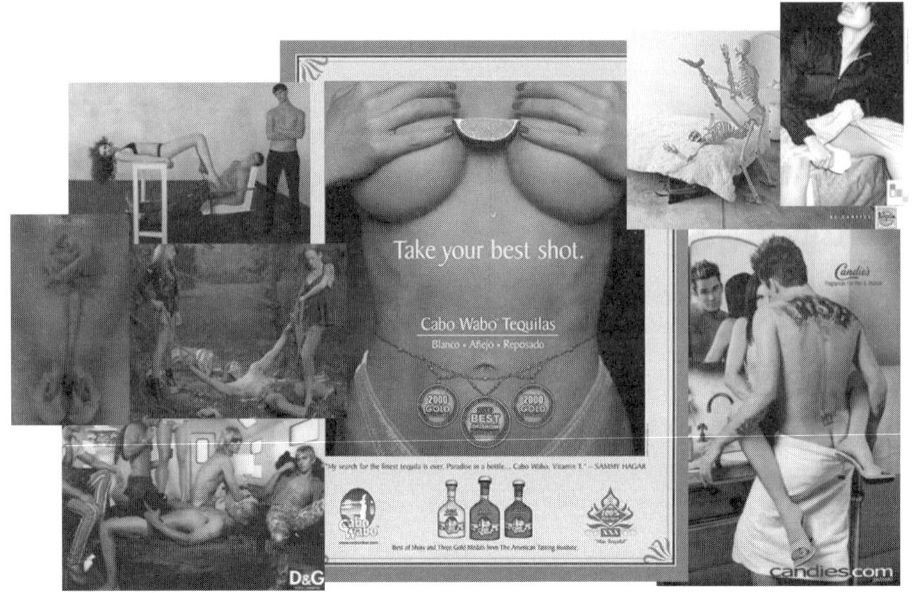

1) 광고의 윤리와 광고 규범 관련 이미지의 예

켜야 할 도리와 규범에 따라 자율적으로 지향하는 가치 기준이다.

1) 광고의 윤리적 기준

광고의 윤리적 기준에 대한 명확한 규정은 없다. 광고주와 광고 관련 종사자들 스스로가 내세우고 허용하는 가치 범위 안에서 논 쟁만이 있을 뿐이다. 이 주요 쟁점으로는 정확성과 취득 그리고 주 장과 옹호가 있다.

'정확성'에는 과장과 기만이 관련되어 있다. 광고 메시지의 전반적인 내용이 과장되어 있거나 시청자를 기만하고 있다면 윤리적인 문제가 된다. 교묘한 광고 메시지의 내용으로 특히 이성적 판단력이 약한 어린이나 청소년·노인들을 유혹하고 있다면, 이는 광고가 제시하는 메시지의 '정확성' 범주를 벗어나 윤리적으로 문제가 된다는 것이다.

'취득'은 과소비와 관련되어 있다. 광고는 시청자들로 하여금 광고 메시지에 동화되어 물건이나 서비스를 많이 취득하도록 조장한다. 광고 때문에 시청자들은 필요하지도 않은 제품이나 서비스를 과도하게 구매하기도 한다. 강제 구매는 아니지만 구매의 유혹을 뿌리치지 못한 구매 행위는 광고 메시지가 이성적 판단을 흐리게 만들기 때문에 비롯된 것이며, 이것이 곧 윤리적 문제라는 것이다.

'주장과 옹호'는 광고 메시지가 설득을 바탕으로 한다는 전제를 가진다. 광고는 시청자들로 하여금 본질적으로 무엇인가를 하도록 부추긴다. 따라서 광고는 객관적이거나 중립적이지 않다. 광고 시청자들은 광고를 접하는 순간 광고가 광고 대상물에 대한 정보를 습득하는 동시에 판매를 권하고 있다는 것을 알고 있다. 광고의 윤리적 문제는 바로 이 본질적인 측면을 지나치게 강조하거나 강제로 주입시키려고 할 때 생겨나는 것이다.

2) 광고의 윤리적 딜레마와 과실

광고에 의한 갈등 당사자들은 각기 서로의 주장에 타당성을 지니고 있기에 윤리적인 딜레마에 처하게 된다. 예를 들어 광고는 대체로 좋은 점만을 강조하고, 중립적이고 나쁜 점을 생략하는 경향이 있다. 이런 광고에서 언급되는 것은 허위는 아니지만 진실 혹은 사실 그대로라고 말할 수 없다. 제품을 가장 호의적으로 묘사하기 위해 기술적으로 이미지를 왜곡시킨 광고는 윤리적 딜레마에 빠지게 한다.

비근한 예를 들어 광고에서 묘사되는 모델들이 실제보다 날씬하게 보여짐으로써 여성들에게 스트레스를 주고 과도한 다이어트를 유행하게 만드는 등 부정적인 사회 결과를 야기할 수 있다. 윤리적 딜레마의 또 다른 예는 담배회사의 광고 허용 문제이다. 허용하면 건강에 해로운 행동을 조장하는 것이고, 금지하면 담배회사의 표현의 자유를 억압하고 합법적인 상품을 판매할 수 없도록 하는 것이다. 관계 당사자의 권리 사이에 갈등이 발생하고 윤리적인 딜레마에 빠지게 된다. 그래서 담배처럼 건강에 해로운 상품의 광고라든가 어린이를 대상으로 하는 광고는 자주 윤리적 문제로 논쟁의 대상이 되고 있다.

양영종(2002)에 의하면, 광고의 윤리적 딜레마에 대한 해답을 얻기란 쉽지가 않다. 광고주는 기업 본래의 역할, 마케팅의 목적, 사회적 인지도, 경쟁 시장 등과 같은 여러 가지 사항을 염두에 두어야 한다. 조직의 윤리적인 분위기를 창출하는 것은 바로 사람이다. 반대로 윤리적 과실은 사람의 불법적인 행동에 의해 발생하는 전형적인 문제이다. 광고에서 주장하는 메시지가 중대한 과실로 밝혀지거나, 공중을 오도하고자 하는 의미를 담았다면 명백한 윤리적 과실이다. 따라서 이는 법이 정한 한계를 넘기 때문에 법적 규제의 대상이 된다.

3) 광고주의 사회적 책임

광고의 주체는 광고주이다. 광고 대행사가 광고를 만들고, 매체사가 광고물을 집행한다고 하지만 광고에 대한 모든 결정은 광고주로부터 시작된다. 따라서 광고의 사회적 책임은 광고주의 책임이라고 볼 수 있다. 그래서 특정 광고가 윤리적인 기준을 넘었다고 소비자가 느꼈을 경우 기업에 항의를 하거나 제품 불매 운동을 펼치기도 하고, 기업을 관련 규제 기관에 고소하기도 한다. 예를 들어 2006년 하반기 모보험회사에서 방영한 '10억을 받았었요' 라는 광고는 윤리적 문제로 적잖은 항의 소동을 야기하였다. 따라서 광고주는 윤리적 가치를 바탕으로 광고를 집행해야 하는 사회적 책임을 가져야 한다.

광고는 사회적 안정과 성장에 기여하는 등 사회를 진작시키는 수단으로 활용되어질 수 있다. 광고 메시지는 나라를 지탱시키거나 국민을 계몽하기도 하고, 사회를 지지하며, 경제 체계를 활성화하는 등 많은 영향력을 행사한다. 따라서 광고주는 시민 행사에 참여하거나 지방 기업을 후원하고, 지역 사회를 향상시키는 책임을 진다. 이러한 사회적 책임의 일환으로 광고단체연합회나 광고주협회,

광고업협회 등이 중심이 되어 사회나 자선단체를 위한 광고를 하거나 공익을 위한 광고를 하기도 한다.

2. 광고 관련 규제

광고 환경의 변화와 광고 기법의 발전은 광고 산업을 발달시켰지만 한편으로는 광고 내용의 문제점들을 도덕적이거나 윤리적인 규율에만 맡길 수 없는 상태에 이르도록 만들었다. 광고가 제작될 때마다 윤리적인 과실이 자주 나타나 규제의 필요성이 제기되고 있다. 소비자의 눈길을 끌기 위해 자극적이거나 과장된 표현을 바탕으로 제작되는 광고는 소비자를 기만하거나 경쟁사의 제품을 비방하는 등 일련의 사회적 물의를 일으키고 있다. 허위·기만·과장 광고로 인하여 소비자 피해 사례가 늘어나고 기업들간의 경쟁에서 공정성을 침해하는 사례가 빈번해지자 광고에 대한 규제가 필요하게 되었다. 광고 규제는 보통 광고에 있어서 불공정한 경

2) Camel 담배 광고 이미지

쟁을 방지함으로써 공정한 경쟁을 유도하는 공정 경쟁성 확보와 광고 남용으로부터 소비자를 보호하고자 하는 취지로 집행된다.

1) 광고 규제의 체계

광고의 광고 규제란 광고주가 통제할 수 없는 환경 요인으로서 광고 활동을 제약하는 것을 말한다. 광고주는 법적인 테두리 안에서 광고 활동을 해야 하지만, 법률이 없을 때에는 광고 윤리를 준수해야 한다. 이러한 일련의 제재를 따르지 않는다면 광고주들은 소비자들의 저항을 받게 되고, 결국 법적 제재를 받게 된다.

일반적으로 정부나 소비자단체, 미디어, 광고 산업 내의 각종 협회 등 광고와 관련된 기관들이 규제 환경을 형성하는데, 이들 규제 기관들은 광고가 올바른 공적 책임을 수행하고 있는지 감시하고 규제한다.

이러한 광고 규제는 규제 주체와 성격에 따라 분류되는데, 윤리형·강령형·법률형으로 분류된다. 또한 법적 강제성에 따라 자율 규제와 타율 규제로 구분하기도 한다.

① 윤리형 규제

윤리형 규제는 광고주나 광고 대행사, 광고 관련 서비스업체 등에 종사하는 사람이나 회사가 광고 활동에 대한 공적 책임이나 사회적 책임을 수행하는 것이다. 윤리적인 규제의 형태를 가지기 때문에 강제성을 가지고 있지는 않다. 즉 광고 관련 당사자나 회사가 도덕과 양심에 따라 광고를 제작하고 활용하는 것을 의미하는 것으로서, 가장 기본적이고 기초적인 규제이다.

② 강령형 규제

강령형 규제는 광고주나 광고 회사, 광고매체사 등 광고업계에 종사하는 사람이나 회사가 자신들의 권익을 보호하기 위해 동료나 관련 회사에게 집단 압력을 가하는 것이다. 외부로부터 문제 제기를 받기 전에 스스로 해결하겠다는 의지를 나타내는 것으로서, 공동의 이해를 바탕으로 강령을 제정해 이를 바탕으로 자율적인 제재를 한다. 강령에 의한 규제이기 때문에 법적인 강제성은 없다. 하지만 광고 산업의 권익을 보호하기 위해 제정된 만큼 자율적인 강제성이 내포되어 있다. 한국신문윤리위원회의 신문 광고 윤리 강령과 신문 광고 실천 요강, 한국간행물윤리위원회의 광고 심의 규정, 한국광고자율심의 기구의 자율심의 규정 등이 강령형 규제에 속한다.

③ 법률형 규제

법률형 규제는 광고 활동에 대해 광고 산업계가 아닌 외부에서 규제하는 것을 말한다. 보통 정부가 법규를 통해 광고 활동의 위법 여부를 판단하고 제재를 가하는 것으로서 타율 규제에 해당한다. 현재 법률·시행령·부령 등을 합쳐 2백여 개의 광고 관련 법규가 있고, 다양한 기관에서 이들 규제의 책임을 맡고 있다.

광고 규제와 관련된 주요 법령에는 표시광고법과 저작권법을 눈여겨 볼 필요가 있다. 표시광고법은 불공정한 광고를 규제하는 일반법으로서 부당한 표시 광고의 금지, 주요한 표시 광고 사항의 고시, 광고 내용의 실증, 사업자단체의 광고 제한 행위 금지, 불공정한 광고 행위에 대한 시정조치, 임시 중지 명령 등이 있다. 특히 부당한 광고 행위에 대한 규제에는 허위, 과장의 표시 광고, 기만적인 표시 광고, 부당하게 비교하는 표시 광고, 비방적인 표시 광고 등이 부당한 광고 행위로 규정되고 있다. 저작권법은 타인 저작물의 광고 이용에 따른 것으로서, 대부분의 쟁점들은 광고 활동에 관련되는 광고물의 저작물 인정 여부, 광고물의 저작권 귀속과 타인 저작물의 광고 이용 등에서 나타난다.

④ 소비자 단체나 사회단체에 의한 규제

광고에 대한 감시 활동은 YMCA · YWCA · 한국소비자연맹 등 각종 사회단체나 소비자단체를 통해서도 이루어지고 있다. 이들은 광고가 문제가 있거나 광고의 오용 또는 남용이 있을 경우 해당 기업에 압력을 가한다. 또한 광고나 광고주들이 개입되어 있는 문제에 대해서 소비자 조사를 통해 게재 중지를 요청하기도 하고, 위반 행위 발견시에는 위반 사실을 공표하거나 정부 기관에 불만을 제기하고 법원에 소송을 제기하기도 한다.

2) 우리나라의 광고 규제

우리나라의 광고 자율 규제는 정부의 법령 지침보다 관련 업계에서 자체적으로 만들어진 지침으로서 형성되었다는 특징을 가지고 있다. 1958년 한국일보사의 '광고 윤리 요강'과 '광고 게재 기준'이 광고 윤리 기준으로 소개된 것이 광고 규제의 시초이다. 1970년대에 들어서면서 광고 산업의 활성화와 함께 허위 과대 광고, 광고 표현의 불건전성, 방송 광고의 윤리성 등이 문제점으로 부각되면서 광고의 자율 규제 움직임이 본격화되었다. 방송윤리위원회가 1976년부터 방송 광고를 사전 심의하면서 국내 광고의 규제는 자율 규제보다는 타율 규제의 성격을 갖게 되었다. 1980년 12월 31일 한국방송공사법이 제정되면서 방송 광고물 심의는 방송광고공사 내에 설치된 방송광고심의위원회에서 직접 심의와 규제를 담당하고 있다.

그러나 아직까지 일부 부당 광고에 대한 자율 규제는 매우 미약한 상태이다. 광고 심의 전담 기구가 있어서 광고물의 심의를 행하는 것이 아니라 자치적 성격의 자율 규제 기구만이 일부 업종에 대해서 규제 심의를 하고 있을 뿐이다. 광고에 대한 자율 규제는 광고관계협회나 매체협회에서 윤리 강령이나 실천 요강 등을 갖추어 규제하고 있지만 형식적일 뿐이다. 현재, 광고만을 규제하는 단일 법률은 없는 상태이며 관련부처에서 각 개별법에 따라 광고를 규제

3) 우리나라에서 광고가 규제되고 있는 성적 모티프 광고 이미지

하고 있다. 광고 규제는 크게 방송 광고와 인쇄 광고로 구분된다. 방송 광고는 타율 규제로 사전 심의 방식을 취하고 있고, 인쇄 광고는 자율 규제의 형식으로 사후 심의가 이루어지고 있다.

① 방송 광고의 규제

TV나 라디오 등 방송매체에 게재되는 광고에 대해서 사전 심의 제도가 있다. 즉 광고가 방송되기 전에 그 적합성 여부를 심의받도록 하여 심의에 통과된 광고불에 한하여 방송을 하도록 하는 깃이다. 이러한 사전 심의는 규제 체계상 복잡한 형태를 취하고 있다. 방송 광고물은 방송법에 의해 방송위원회가 사전 심의를 해야 하는데 방송위원회는 법률형 광고 규제를 민간단체에게 위임할 수 있도록 방송법이 규정하고 있기 때문에 한국광고자율심의기구가 방송 광고물의 사전 심의를 담당하고 있다.

이와 같이 방송 광고는 형식적으로 법률형 규제에 속하기 때문에 모든 방송광고물은 사전 규제를 받아야 하지만, 실제로는 강령형 규제 기구인 한국광고자율심의기구가 사전 심의 업무를 수행하고 있다. 다시 말해서 우리나라의 방송 광고물에 대한 사전 심의는 현재 법적 형태의 강제성을 띤 자율적 규제이지만, 내용적으로는 자율적 규제 형태를 가진 복잡하고도 다양한 성격을 보인다.

② 인쇄 광고의 규제

인쇄매체 광고는 대부분 사후 심의이나, 사후 심의를 원칙적으로 하면서 자율 규제를 받고 있다. 즉 일반적으로 신문이나 잡지에 광고를 먼저 게재한 후에 심의받도록 하고 있다. 신문 광고는 신문윤리위원회가 광고 윤리 실천 요강과 신문 광고 윤리 강령을 제정하여 사후 심의를 한다. 잡지와 도서를 비롯한 정기 간행물의 광고도 사후 심의인데, 한국간행물윤리위원회에서 해당 출판물이 발행되고 난 후에 게재된 광고물을 확인하는 방식을 취한다. 심의 시 위반 내용이 적발될 경우 해당 회원사에 대해 내부적으로 주의, 경고 등의 징계를 조치한다. 또한 한국광고자율심의기구에서도 인쇄광고물에 대해서 사후 심의 방식을 취한다.

3) 규제 대상 광고들

① 허위, 과장, 기만 광고

허위, 과장, 기만 광고는 소비자에게 거짓된 내용이나 오도된 내용을 전달하는 것을 말한다. 이는 광고 속 내용이 그릇된 내용이나 과대 진술된 내용으로 포장되 소비자를 기만하고 있는 경우이다.

이런 광고와 관련하여 정부는 '공정거래법'의 '표시, 광고 공정화에 관한 법률(1999년 7월, 제3조)에 관한 지침'을 제정하고 '허위, 과장의 표시, 광고'를 '사실과 다르게 표시, 광고하거나, 사실을 지나치게 부풀려 표시하는 것'이라 하고, '사실을 은폐하거나 축소하는 등의 방법으로 표시, 광고하는 것'을 '기만적인 표시, 광고'라고 규정하고 있다. 허위, 과장 광고는 광고 집행 기업의 제품이나 서비스, 경쟁사의 제품이나 서비스에 대하여 허위로 조작된 내용을 소비자에게 전달한다. 이는 소비자들의 합리적인 구매 선택을 방해하고, 건전한 소비 사회 형성에 방해하는 행위이기 때문에 분명한 규제 대상이 되는 것이다.

② 비교 광고

비교 광고란 광고 속에 경쟁사나 경쟁 제품을 직간접적으로 언급하여 표현하는 광고를 말한다. 일반적으로 기업의 구제품과 새로

나온 제품을 비교하는 경우가 대부분이다. 경쟁사의 제품을 직접적으로 언급하거나 암시적으로 거론하여 소비자들로 하여금 경쟁사 제품이 좋지 않다는 인식을 전달하는 비교 광고도 있다.

2001년 9월부터 시행되고 있는 '비교 표시, 광고에 관한 심사 지침'은 본격적인 비교 광고의 활성화를 가져다 주었다. 이 지침으로 그동안 제도적으로는 허용되고 있으면서도 실제로는 거의 활용되지 못했던 비교 광고가 자유롭게 표현이 가능해졌다. 이에 따르면 소비자 기만성이나 오인성의 우려가 없거나 경쟁사 또는 경쟁 상품에 대한 비방, 배척이 아닌 한 직접 비교나 간접 비교를 얼마든지 할 수 있게 되었다. 얼마든지 경쟁 대상을 직접 명시할 수도 있고, 경쟁 대상을 간접적으로나 암시적으로 명시할 수 있도록 비교 광고의 심사 기준이 완화된 것이다. 무엇보다도 소비자 기만성이나 오인성에 혼돈이 없는 범위 내에서 비교 주체의 유리한 내용과 기준을 근거로 다른 기업이나 제품을 비교할 수 있도록 그 허용 범위가 크게 확장되었다. 하지만 '객관적으로 인정된 근거없이 자기의 제품이나 서비스가 경쟁 사업자의 것에 비하여 우량 또는 유리하다고 하거나 자기의 제품이나 서비스를 경쟁 사업자의 것과 비교함에 있어 자기 제품이나 서비스의 유리한 부분만을 표시하고 광고하는 행위'나 '경쟁 사업자의 제품이나 서비스에 관하여 객관적으로 인정된 근거 없는 내용으로 표시, 광고하여 비방하거나 불리한 사실만을 비방하는 행위' 등의 비교 광고는 빈번히 발생되어 규제 대상의 광고 유형으로 강하게 규제받고 있다.

4) DHL의 비교 광고 이미지

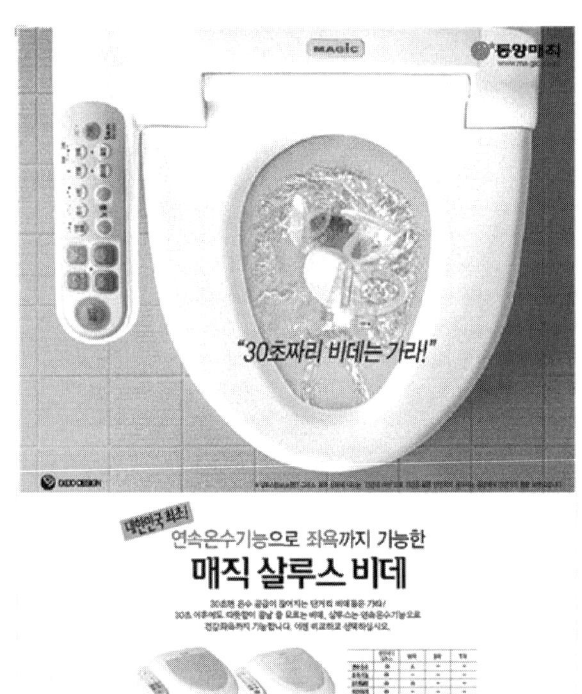

5) 동양매직의 비교 광고 이미지

③ 비방 광고

비방 광고는 기업이 제품을 광고하는 데 있어 경쟁업체에게 불리한 사실만을 부각시켜 광고하는 것을 말한다. 객관적으로 인정된 사항에 대해서 근거 없이 경쟁업체에게 불리한 사실만을 부각시켜 비교한 제품을 광고하는 것이다. 일반적으로 소비자의 주의를 끌어

보자는 의도로 경쟁 회사의 제품을 비판하는 광고를 게재한다. 사실과 다른 내용으로 타사 제품을 비방하는 것은 비방 광고에 해당되어 처벌을 받지만, 객관적인 증거나 증빙 자료가 있을 경우에는 비교 광고가 허용된다.

④ 불공정 광고

소비자에게 허위나 기만적인 광고 메시지를 의도적으로 전달하는 것은 아니지만, 소비자가 광고를 통해 부당하게 피해를 입는 경우를 불공정 광고라고 한다. 소비자가 광고로 인하여 경제적 피해를 입거나 건강 혹은 안전과 관련해서 부당한 피해를 입는 경우나, 광고 내용이 공공 정책에 위반되었을 경우가 이에 속한다.

불공정 광고는 다음과 같은 표현이 규제 대상이다. 첫째, 사전에 입증되지 않는 주장이나, 어린이와 노인같이 영향받기 쉬운 집단을 착취하는 내용일 경우에 해당된다. 둘째, 제품이나 경쟁에 관한 중요한 정보를 광고 내용에 표기할 때 이를 생략하여 소비자가 합리적인 선택을 할 수 없는 경우이다. 셋째, 국가의 공공 정책에 위반되는 내용이 광고로 표현이 되는 경우이다. 예를 들어 어린이 대상 광고 중에서 "아빠한테 사달라고 해요"와 같은 광고 표현은 기만적인 광고는 아니지만 판단력이 약한 어린이의 심성을 이용한 제품 판매의 수단으로 볼 수 있기에 불공정 광고에 해당한다. 또 연인이 시내도로 한가운데를 사랑스럽게 걸어가는 모습을 표현한 광고는 교통안전 문제로 도로교통법에 위반되기에 불공정 광고에 속한다.

⑤ 어린이 광고

어린이는 경험과 지식이 미숙하다. 어린이는 이성적 판단력이 약하기 때문에 광고의 영향을 가장 쉽게 받는 집단이다. 따라서 어린이를 대상으로하는 광고는 광고의 주요 규제 대상이다. 어린이 광고와 관련한 규제 대상 광고로 가장 많은 논란이 되고 있는 부분은 어린이 만화 프로그램과 광고와의 관계이다. 만화 프로그램이 끝나고 진행되는 광고 시간에 바로 이전 만화 프로그램의 주요 등장 인물을 이용한 캐릭터 상품이 보여짐으로써 어린이들로 하여금 프로그램과 광고가 동일하다는 인식을 전달한다. 마치 연속선상에 있는 것처럼 착각을 일으켜 어린이들로 하여금 불합리한 소비 성향을 부추기는 역할을 한다. 이는 일반 프로그램과 광고를 뚜렷하게 구별하지 못하는 어린이들을 기만하는 행위로 불공정한 내용을 전달하는 광고라 할 수 있다.

방송위원회는 어린이 광고와 관련된 방송 광고 규제의 기준을 다음과 같이 명시하고 있다. 첫째, 광고 방송은 어린이의 품성과 정서, 가치관을 해치는 표현을 할 수 없으며 어린이를 광고 목적에 직접 또는 주도적으로 이용하여서는 안 된다. 둘째, 광고 방송은 어린이 보호를 위하여 지정된 내용을 포함하거나 표현을 해서는 안 된다. 셋째, 장난감, 게임 및 기타 어린이들의 관심을 끄는 상품에 대한 광고는 어린이의 판단력과 경험을 고려하여 지정된 표현을 하

5) 해태제과의 체리마루 광고 이미지

여서는 안 된다.

광고 이미지 출처

1) 현택수·홍장선(2006), 자료모음집 발췌.
2) www.subliminalworld.org/camel.htm
3) 현택수, 홍장선(2006), 자료모음집 발췌.
4) DHL 홈페이지 http://www.dhl.com
5) 동양매직 홍보GI팀 제공.
6) 해태제과 홍보팀 제공.

참고 문헌

김광수(1995), 《방송광고의 이해》, 서울: 나남.
김광수(1999), 《광고학》, 서울: 한나래.
양영종·김상훈·정걸진(2002), 《디지털시대 광고론》, 서울: 형설출판사.
이규억·유승민(1992), 〈광고와 산업 조직의 규제〉, 한국개발연구원.
이규환·오인환 편(2002), 《현대광고론》, 서울: 나남.
이종호(1996), 《광고론》, 서울: 경문사.
이창환(1993), 〈저작권, 광고에 있어서의 적용과 해석, 오리콤 3월호〉.
장대련·한민희(2000), 《광고론》, 서울: 학현사.
정어지루(2006), 《新광고학》, 서울: 형설출판사.
전영상(1999), 《광고론》, 서울: 삼영사.
한국지적소유권학회(1994), 《광고와 저작권》, 공보처.
한국광고자율심의기구(1996), 〈1996년도 연차 광고 심의 종합 보고서〉.
한국광고단체연합회(1991), 〈한국 광고법규의 현황과 특성에 관한 연구〉.
Dunn, S. Watson, Arnold M. Barban, Dean M. Krugman, & Lenoard N. Reid(1990), *Advertising: Its Role in Modern Marketing*, 7th ed(Chicago:

Dryden Press).

　Llebert, Robert M., & Joyce Sprafkin(1998), *The Eary Window: Effects of Television on Children and Youth*(New York: Pergamon).

　Nelson, Philip(1974), 〈Advertising as Information〉, *Joural of Political Economy*, Vol. 82.

제4장
광고 산업의 구조

1. 광고 산업의 현황

1) 국내 광고 산업의 규모

광고업계의 광고 산업 규모는 광고주가 광고료로 지불하는 광고 비용으로 결정된다. 우리나라 총 광고비의 규모는 1980-1996년까지 약 15년 이상 지속적인 성장율을 보였다. 이러한 성장은 기업이 광고를 마케팅 전략의 한 부문으로 인식하면서 나타난 현상이다. 하지만 이러한 성장도 **IMF**와 함께 시작된 경기 침체로 인하여 광고의 산업 규모를 줄어들게 하였다. 그러나 2000년에 접어들면서 광고 경기가 다시 살아나 **IMF** 이전의 수준으로 회복되었다. 그리고 월드컵이 열린 2002년을 기점으로 국내 총 광고비의 규모는 급격하게 증가하였고, 2004년에는 그 규모가 약 6조 6천억 원에 이르고 있다.

① 광고 산업의 변천사

광고 산업을 이끌어 가는 중심은 광고주이다. 광고를 기획, 제작하는 것은 주로 대행사에서 담당하지만, 광고를 진행하는 데 있어 전략을 세우고, 계획하고, 집행하는 주체는 광고주이다. 따라서 광고 산업의 변천사라 함은 광고주의 변천사인 것이다. 즉 광고주가 국내외 경제 동향이나 산업 구조의 변화에 맞추어 광고를 기획하고 집행하는 것이고, 광고는 '자본주의의 꽃' 으로서 기업의 경영의 일부인 것이다.

● 1970년대 이전

주요 시대별 광고주를 살펴보면 1960년대까지 국내 광고 산업의 큰 손은 제약업계였다. 동아제약을 필두로 한일약품 · 한독약품 · 유한양행 · 종근당 · 영진양품 · 일동제약 · 한국화이자 등이 60년대 10대 광고주로 등재됐다. 당시 제약업계는 광고의 집행뿐 아니라 원활한 광고 관련 업무 진행을 위하여 'PR 구락부' 를 신설하여 운영하기도 하였다. 1970년대는 화장품과 식품 관련 기업들이 광고 산업을 이끌었다. 70년대는 제품 판매 개념이 마케팅 측면으로 인식되면서 기업 활동에 영업이라는 개념이 생겨났으며, 이를 바탕으로 광고 활동에도 적극적 도입이 진행되는 시기이다. 태평양화학을 중심으로 한국화장품 · 롯데제과 · 제일제당 · 럭키 · 해태제과 등 화장품 및 식품 산업 관련 기업들이 1970년대의 주요 10대 광고주를 이루었다.

1) 1960년대 주요 광고주 로고 이미지

2) 1970년대 주요 광고주 로고 이미지

● 1980년대

1980년대는 국내 경제가 안정이 되고, 소득 수준이 향상되면서 기업간 경쟁이 본격화되었다. 컬러 **TV**의 등장과 함께 전자회사들의 시장선점 경쟁이 치열하였고, 86아시안게임과 88올림픽으로 인하여 스포츠, 레저 산업이 발전하였다. 특히 이 두 개의 국제 스포츠 행사 개최로 인하여 국내 내수 시장이 커지면서 경제는 비약적으로 성장하였고, 이와 함께 광고 산업도 급격한 성장세를 보였다. 금성사(**LG**전자 전신)와 삼성전자 · 대우전자 등 전자회사들이 주요 10대 광고주 대열에 합류하게 되었다.

3) 1980년대 주요 광고주 로고 이미지

● 1990년대

1990년대에 접어들어 유·무선 통신기술이 발전하였고, 국내 산업도 전자·통신 관련 분야에서 치열한 각축전이 펼쳐졌다. 이와 관련된 기업들이 시장 선점을 위해서 높은 광고비를 지출하면서 광고 활동에 적극적이었는데, 삼성전자·SK텔레콤·LG전자·KTF·KT 등의 기업들이 광고 산업의 큰손으로 활동하였다. 이들 기업은 1990년대뿐만 아니라 2007년 현재에도 주요 광고주로 활동하고 있다.

4) 1990–2000년대 주요 광고주 로고 이미지

2) 광고의 매체별 동향

① 매체별 동향

광고주들의 광고비 집행은 주로 4대 매체(TV · 라디오 · 신문 · 잡지)를 통하여 이루어졌다. 2003년도 제일기획 조사에 따르면 4대 매체 광고비의 점유율은 1990년대까지 상승하였으나, 1990년에 접어들면서 점차 감소하는 추세다. 1990년 83.1퍼센트에서 1996년 77퍼센트, 2000년에는 다시 71퍼센트로 감소하였는데, 해를 거듭할수록 그 감소 폭이 더욱 커지고 있다. 이는 옥외 및 SP 부분과, 인터넷 · 케이블 · 위성TV의 점유율이 증가되면서 나타나는 현상이다. 한편 2000년을 기준으로 4대 매체 광고비는 신문 광고비와 TV 광고비 집행의 구성비가 가장 높고, 라디오와 잡지는 3퍼센트 내외로 미약한 수준을 보이고 있다. 인터넷과 위성TV, 케이블TV 같은 뉴미디어를 통한 광고비 지출은 2000년도 초기와는 달리 높은 성장률을 기록하고 있고, 향후 그 성장세는 더욱 높아질 것으로 예상된다.

3) 매체사 동향

① 인쇄매체사

국내 인쇄매체의 광고는 주로 신문과 잡지에 의해 집행되어 왔다. 1960년대까지 광고 집행의 흐름은 신문매체 중 일간신문을 중심으로 광고가 집행되면서, 별도 서브 개념으로 몇몇의 잡지에 광고를 집행하는 것이었다. 인쇄매체를 이루는 신문과 잡지의 발전 상황을 간단히 살펴보자면 다음과 같다.

1886년 한성주보에 실린 '덕상세창양행고백'의 광고는 우리나라 근대 광고의 효시로 알려져 있다. 이후 독립신문 · 매일신문 · 제국신문 · 황성신문 · 대한매일신보 등이 창간하였으나, 1910년 한일합방으로 인하여 신문사들은 일본인 소유로 넘어가거나 폐간되었다. 매일신보만이 총독부기관지로 남아 있다가, 1920년에 동아일보와 조선일보가 창간되었지만 곧 폐간되었다. 1945년 해방 직후 동아일보와 조선일보가 복간되었고, 1954년에는 한국일보, 1965년에는 중앙일보가 창간하는 등 여러 신문사의 창간이 이어졌다. 1980년 제5공화국의 출범과 동시에 진행된 언론사 통폐합 조치로 신문사는 열한 개사가 통폐합되어 스물한 개사로 조정되는 큰 변화를 맞았다. 하지만 1987년 제6공화국에 의한 자유화(6 · 29선언) 선언으로 매체사의 복간과 창간이 잇따른다. 1988년부터는 바야흐로 신문사간의 경쟁시대가 막이 오르는데, 그 시초는 신문사간 증면 경쟁의 시작이다. 1988년에 16면이었던 신문의 발행이 32면, 40면 증면 발행이 보편화되기에 이르렀고, 48면 신문도 등장하였다. 최근에는 지하철역에서 타블로이드 무가지가 새로운 인쇄매체로 급부상하고 있다.

잡지는 1987년 제6공화국의 자유화(6 · 29선언) 선언 이후 1990

년대 중반까지 수많은 잡지들이 창간되었다. 잡지사들은 **IMF** 이후 경영난 극복을 위해 시장 세분화에 따른 잡지의 전문화를 추구하면서 질적인 변화를 꾀하였다. 시사주간지 · 경제지 · 월간여성지 · 전문지 · 생활문화레저지 등의 잡지들은 연령별 · 관심 영역별 · 성별로 포지셔닝되어 발전해 가고 있다. 한편 최근에는 이메일 전자잡지 · **CD-Rom** 잡지 · 통신잡지 등 뉴미디어를 이용한 신규 잡지들이 창간되고 있다.

② 방송사

1959년 부산문화방송과 1961년 **KBS-TV**의 개국과 함께 한국의 방송사는 시작된다. 이후 1964년 동양 **TV**와 라디오 서울, 1969년 **MBC-TV**가 개국되면서 방송매체들간의 경쟁이 시작되었다. 하지만 1980년 제5공화국의 방송통폐합 조치는 방송 광고에 구조적인 변화를 가져왔다. 방송사들은 **KBS1-TV · KBS2-TV · MBC-TV**로 흡수 통합되어 새롭게 출발한다. 제6공화국의 자유화 선언 이후 1990년대에 들어서면서 종교방송인 평화방송(**PBC**)과 불교방송(**BBS**)이 신설되고, **SBS-TV**가 새롭게 개국하였다.

한편 1995년 지역민방과 케이블**TV**의 개국은 한국방송의 새로운 환경을 도래시켰으며, 2002년 디지털 위성방송의 개국은 다매체 다채널 시대로의 본격적인 진입을 알리는 신호탄이었다.

③ 옥외 광고

TV, 신문에 이은 '제3의 매체'로 평가받고 있는 옥외 광고는 1990년대에 들어 높은 성장률을 보이며 광고의 한 축을 담당하고 있다.

국내 옥외 광고는 외래 문물이 활발하게 도입되었던 구한말에 페인트로 도색하는 간판의 유입이 그 시초이다. 1960년대 이후 도심과 거리에 빌보드나 네온사인 광고물이 생겨나기 시작하면서 본격적인 옥외 광고가 진행되었다. 비록 1973년 오일쇼크로 인해 정부에 의한 조명 광고 규제가 있었지만, 1980년대 단속 위주의 법규제가 관리 중심으로 변경됨에 따라 그 활력를 되찾았다. 86아시안게임 및 88올림픽, 2002월드컵 등과 같은 국제 행사와 함께 국내외 각종 스포츠 행사가 열리게 되면서, 기금 조성용 및 기타 목적으로 옥외 광고물에 대한 사용이 증가하였다. 그리고 점차 다양하고 특이한 형태의 옥외 광고물이 생겨나기 시작했는데, 예를 들어 LED(Light Emitting Diode)로 구성되는 광각형 전광판, 큐빅보드 등의 새로운 기술 도입은 옥외 광고에 대한 광고주들의 구미를 자극하였다. 현재 옥외 광고의 수주액은 매년 20퍼센트 이상 높은 성장이 지속되고 있다.

2. 광고 산업의 구조

1) 광고 산업의 시스템

국내 광고 산업의 구조는 광고주와 광고 대행사를 중심으로 매체사, 한국방송공사와 함께 광고 제작사, 미디어 랩 등의 특수 서비스 업체들로 형성되어 있다. 광고 산업의 주체인 광고주와 광고 대행사는 상호간 신뢰를 바탕으로 광고 업무를 진행하며 매체사와 특수 서비스 업체들과의 협력을 통해 원활한 광고 업무를 수행한다.

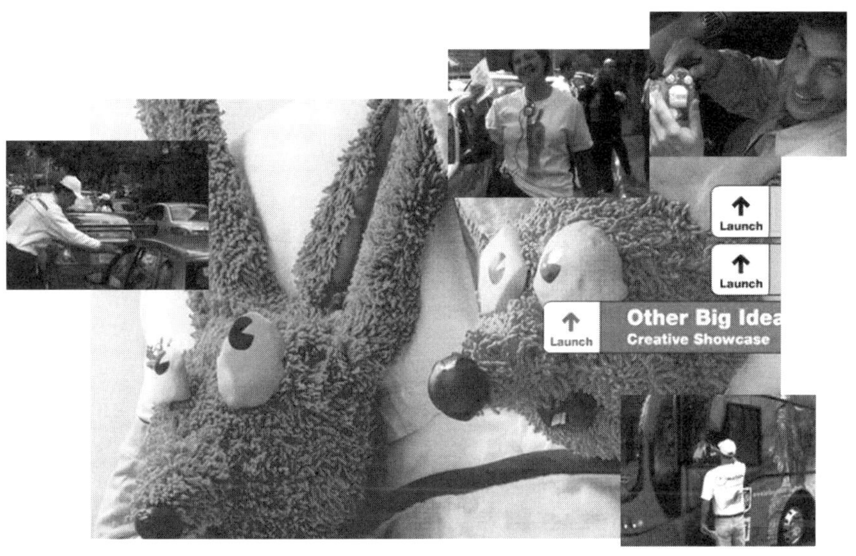

5) 광고 산업의 시스템 이미지

6) 주요 광고주 로고 이미지

① 광고주와 광고 대행사

광고주는 클라이언트 혹은 스폰서라고 불리는 광고 산업의 핵심 주체이다. 자신들의 제품이나 서비스 판매를 위해서 광고 대행사에게 광고 제작을 의뢰하고 광고물을 최종 결정내리는 당사자이다. 광고는 유료서비스이다. 따라서 광고주는 갑의 입장에서 광고 업무 전반의 서비스를 받는 조건으로 을의 입장인 광고 대행사에게 기획료를 비롯한 업무 수행 경비를 지불하고 광고 업무를 진행시킨다. 광고주와의 밀접한 협력 관계에 있는 광고 대행사는 광고주를 대신하여 광고 업무를 기획하고 제작하는 등 광고 업무 진행에 있어 실질적 활동의 주체이다.

광고 대행사는 광고주와 관련이 없는 개별적인 독립 형태의 광고 대행사와 광고주의 계열회사로서 존재하는 광고 대행사로 구분된다. 독립 광고 대행사는 다양한 광고주를 접촉한 경험을 가지고 있어서 환경 변화 등의 적응에 유연성을 보인다. 대행사는 광고 업무에 있어서 영향을 주는 집단이 없기에 시장이나 소비자에 대해서 소신 있는 객관적 시각을 유지하고 있다. 다만 장기적으로 광고주

7) 주요 광고 대행사 로고 이미지

를 끌어가는 데 있어서 환경적인 제한이 많아 광고 업무의 일괄성이 떨어지며, 광고주가 유동적이기에 광고주를 유치하는 데 있어서 치열한 경쟁을 벌여야 하는 단점이 있다. 계열사 광고 대행사는 모기업의 지원을 충분히 받을 수 있기 때문에 안정적이고 일관된 광고 업무를 진행하는 데 유리하다. 광고주의 모기업 입장에서는 광고비 수수료가 외부로 빠져나가지 않는다는 이점이 있기도 하다. 하지만 광고 업무에 있어서 객관적이고 독립적인 시각이 제한적이고 환경 변화에 느리다. 안정적인 광고주의 확보가 오히려 서비스의 질을 저하시키고 광고 퀄리티의 경쟁력 약화를 초래하는 단점이 보이기도 한다.

한국은 미국이나 기타 다른 나라와는 다르게 계열사 광고 대행사의 비중이 상대적으로 높은 비율을 보이는 광고 산업의 구조를 가지고 있다.

② 매체사와 광고 대행사

매체는 미디어 채널을 말한다. 광고주가 소비자에게 효과적인 메시지를 전달하기 위하여 제작한 광고물을 제대로 커뮤니케이션할 수 있도록 사용되는 도구이다. 매체사는 매체의 집행을 보다 효율적으로 이끌어 나가기 위해서 존재하는 회사이다. 광고회사에 하부 조직으로 구성되기도 하며, 전문 매체 대행 서비스를 제공하는 독립적인 회사도 있다.

광고주를 대신하여 매체를 집행하는 광고 대행사는 매체사에게 매체 사용료를 지불하고 매체의 시간이나 지면을 확보한다. 매체사가 광고주와 직접적으로 업무 진행을 하는 경우도 있으나 통상적으로는 광고 대행사와 매체사가 실질적인 업무를 진행시킨다. 이 경우 매체사는 매체 집행에 따른 매체 수수료를 광고 대행사에게 지불하게 되는데, 일반적인 수수료는 총 광고비의 15퍼센트 선이다.

③ 한국방송광고공사

한국방송광고공사(KOBACO)는 TV나 라디오 같은 지상파 방송 사업자의 방송 광고 영업을 대행하는 기관이다. 방송 광고는 인쇄 매체 광고와는 다르게 한국방송공사를 통해서만 광고 방송 시간을 구입할 수 있다. 따라서 광고주나 광고 대행사는 광고 집행을 위해서 방송국 광고영업담당자가 아닌 한국방송광고공사 영업담당자들과 관계를 유지하면서 광고 프로그램을 확보해야 한다. 방송 광고비는 그 절차가 조금 복잡한데, 광고주에게 위수탁받은 방송 광고비는 광고 대행사가 광고주를 대신하여 방송사에게 지불하고, 방송

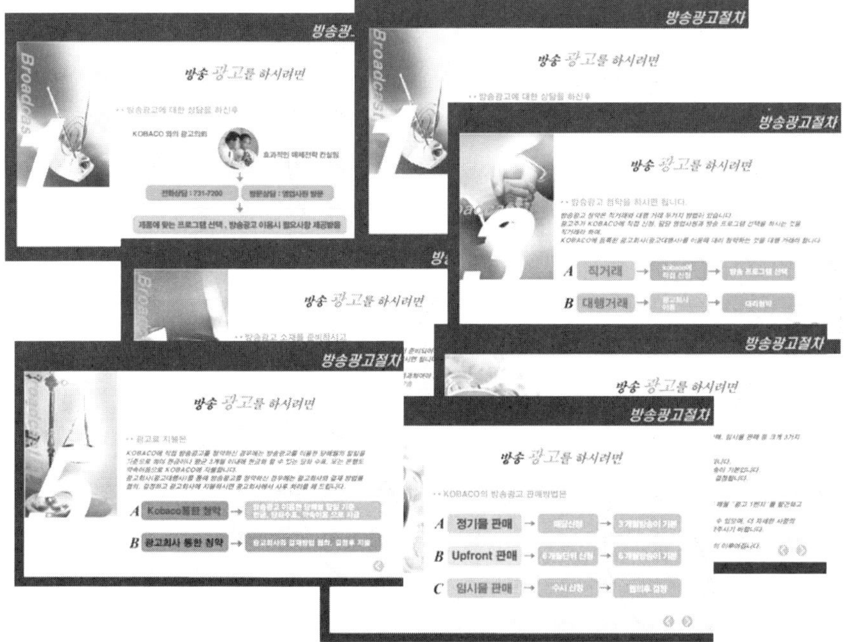

8) 한국방송광고공사의 방송 광고 절차

사는 광고 영업 대행의 대가로 대행 수탁료를 한국방송광고공사에 게 지불한다. 수탁료는 광고 금액의 20퍼센트이다. 수탁료의 일부 는 광고 대행사의 대행 수수료로 건네진다. 광고 대행사는 한국방 송광고공사로부터 광고 수탁액에 따라서 차등 지급되는 대행 수수 료를 받는다.

이밖에 한국방송공사는 방송위원회가 위탁하는 방송 발전 기금 의 징수나 관리, 그리고 방송 광고 진흥을 위한 조사나 연구, 예비 광고인을 위한 광고 교육 등을 주요 업무로 하고 있다.

④ 특수 서비스 업체

특수 서비스 업체는 광고주와 광고 대행사, 한국방송공사와 같은 광고 산업의 주체와 서로 협력하여 보다 효율적인 광고 업무를 수행한다. 리서치 회사와 광고 전문 제작사, 미디어 랩사 등이 대표적인 서비스 업체들이다.

리서치 회사는 마케팅이나 광고의 전략을 수립하는 데 있어서 자료를 수집하고 분석하는 일을 전문으로 한다. 경쟁 시장에서 제품이나 기업명, 브랜드의 시장 점유율을 파악하거나 광고 효과도를 조사하는 역할을 담당한다.

광고 제작사는 광고 대행사로부터 광고 제작의 대행을 의뢰받고 광고 제작만을 전문적으로 수행한다. 광고 제작사는 특정 영역에 대한 전문성을 바탕으로 원활한 서비스를 제공하는데, 이에는 CF 제작사, 인쇄 광고물 제작사, 옥외 광고물 제작사, 이벤트 회사, SP 전문회사, 인터넷 광고 제작사 등이 있다.

미디어랩사는 매체사를 대신하여 광고 영업 업무의 전반을 수행하는 회사이다. 방송매체의 광고 시간이나 인쇄매체의 광고 지면 등을 판매하고 그 대가로 매체사로부터 수수료를 받는다. 전문가적인 입장에서 광고주나 광고 대행사의 매체 집행을 보다 효과적으로 수행하는 역할을 한다.

이밖에 광고물 심의를 담당하는 광고 심의 기구와 인쇄매체가 발행하는 간행물의 발행 부수를 공개하도록 권장하는 ABC제도 등이 광고 산업의 구조를 구성하고 있다.

2) 광고 대행사의 종류

① 종합 광고 대행사

종합 광고 대행사(full-service agency)는 광고의 총체적인 커뮤니케이션 서비스를 제공하는 회사이다. 광고 업무뿐만 아니라 광고와 연계된 분야의 업무까지 대행하기 때문에 완전 서비스 대행사라고도 불린다. 제일기획·오리콤·대홍기획·엘지애드·TBWA 등의 광고회사가 여기에 해당된다.

종합 광고 대행사는 광고 기획·광고 제작·매체 전략 등 광고주가 요구하는 서비스 일체를 수행하며, 광고 효과 조사·매체 조사·시장 조사·상품 분석 등의 광고 조사와 광고주의 제품이나 서비스를 분석하고 전략을 수립하는 마케팅 전략까지 수행한다. 커뮤니케이션을 보다 통합적으로 조율할 수 있어 광고 효과의 효율성을 제고할 수 있다.

② 전문 서비스 대행사

전문 서비스 대행사는 광고의 특정 서비스만을 전문적으로 제공하는 회사로 특수 서비스 업체라고도 한다. 획기적이고 창의적인 광고의 컨셉트를 개발하고 독특한 광고 메시지 제작을 주력으로 하는 크리에이티브 부티크(creative boutique)와 전파매체의 광고 시간이나 인쇄매체의 광고 지면을 전문적으로 구매하는 일을 주력으로 하는 매체 구매 서비스(media buying service), 인터넷 웹페이지의 구성과 기획, 인터넷 광고의 제작과 집행을 전문적으로 하는 인터랙티브 광고 대행사(interactive agency) 등이 여기에 해당된다.

이밖에 광고 대행사는 지방 광고 대행사, 전국 광고 대행사와 국제 광고 대행사와 같이 지리적 범주로 구분하기도 하고, 소비자 광고 대행사나 산업 광고 대행사, 서비스 광고 대행사 등의 업종별로 분류하기도 한다.

3) 광고 대행사의 조직 구성

광고 대행사는 크게 AE가 속해 있는 기획부와 크리에이티브, 매체, 제작 파트가 속해 있는 크리에이티브부로 구성되어 있다.

'광고계의 꽃'이라 불리는 AE(Account Executive)는 광고회사에서 가장 핵심적인 사람이다. 기획팀 직원으로서 광고회사와 광고주 간의 중간 가교 역할을 담당한다. 광고회사의 업무 종합력과 광고주와의 커뮤니케이션 파이프는 광고회사 AE에 달렸다고 해도 무리가 아니다. AE는 광고주의 요청을 제대로 파악하여 크리에이티브부에게 제대로 전달해야 한다. AE가 광고 업무 전반에 있어 제작 · 기획 · 조사 스탭을 잘 이끌고, 매체 부문과의 원활한 진행을 유도하거나, 광고주의 관심 부문을 잘 파악하여 얼마나 협조해 주는가에 따라 광고 대행사의 운명이 달라지기도 한다.

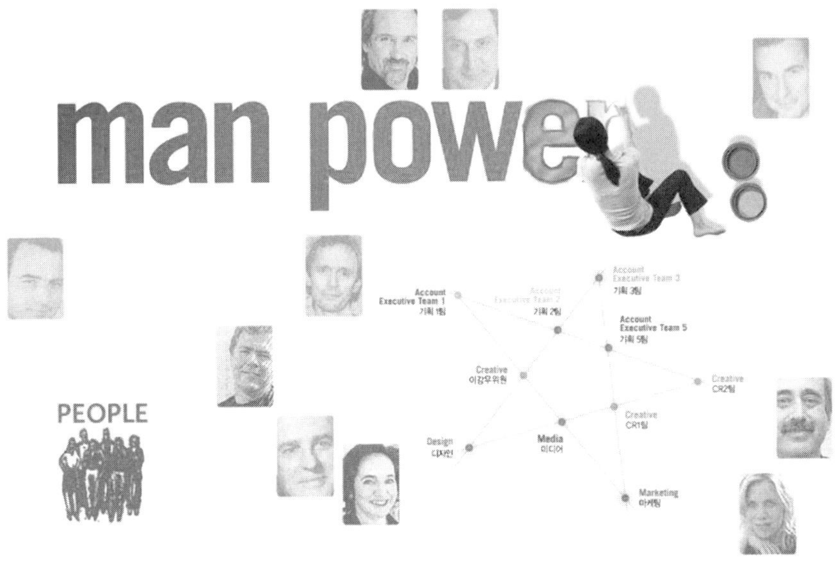

9) 광고 대행사의 조직 구성 이미지

이밖에 광고 대행사는 매체 전문가 · 크리에이티브 전문가 · 시장 분석가, 그리고 **PR** 및 **SP** 전문가 등으로 구성되어 있다. 매체 전문가는 매체 기획자(**Media Planner**)와 매체 구매자(**Media Buyer**)로 구분된다. 매체 기획자는 소비자에게 기업명이나 브랜드, 서비스를 효과적으로 전달하기 위한 포괄적인 매체 전략 업무를 수행하며, 매체 구매자는 광고를 집행하기 위해서 방송매체의 광고 시간이나 인쇄매체의 광고 지면을 구매하고 집행하는 역할을 담당한다.

제작 전문가는 카피라이터(**CW: Copywriter**)와 그래픽디자이너(**Graphic Designer**) · **PD**(**Producer**) · 아트디렉터(**Atr Director**) · 크리에이티브디렉터(**CD: Creative Director**) 등으로 구분된다. 카피라이

터는 광고가 전달하는 메시지를 단어나 문장의 글로서 표현하는 역할을 수행한다. 그래픽디자이너는 신문·잡지·포스터·포장지·전단지 등의 인쇄 광고 디자인을 주로 수행한다. PD는 광고 제작의 방송 광고 책임자로 광고 제작 전반을 책임지며, 아트디렉터는 그래픽을 구현하는 제작물의 전반을 책임지는 역할을 담당한다. 크리에이티브디렉터는 크리에이티브 부분의 최고 책임자이다. 광고 대행사 조직에서 마케팅과 미디어, 크리에이티브의 역할을 적절하게 조율하는 역할을 담당한다.

시장분석가(Market-analyst 혹은 Researcher)는 마케팅 목적을 달성하기 위해서 수행되는 제품·유통·가격·광고 촉진 등의 마케팅 활동의 의사결정을 위한 시장 조사 업무 역할을 담당한다. PR 및 SP 전문가는 광고 대행사라는 조직을 홍보하거나 광고주의 PR 업무를 대행하는 역할을 수행한다.

광고 이미지 출처

1), 2), 3), 4), 5), 6), 7), 현택수·홍장선(2006), 자료모음집 발췌.
8) 한국방송광고공사 홈페이지 http://www.kobaco.co.kr
9) 현택수·홍장선(2006), 자료모음집 발췌.

참고 문헌

강상편·채백 엮음(2002), 《대중매체의 이해와 활용》, 서울: 한나래.
송용섭·리대룡(1989), 《현대광고론》, 서울: 무역경영사.

신인섭(2001), 〈해외광고계 개황〉, 광고연감, 제일기획.

안광호·이유재·유창조(2004), 《광고관리》, 서울: 법문사.

양영종·김상훈·정걸진(2002), 《디지털시대 광고론》, 서울: 형설출판사.

오택섭·강현두·최종호(2003), 《미디어와 정보사회》, 서울: 나남출판.

오인환 엮음(2001), 《현대 광고론》, 서울: 나남.

이종호(1996), 《광고론》, 서울: 경문사.

이두희(1997), 《광고론》, 서울: 박영사.

장대련·한민희(2000), 《광고론》, 서울: 학현사.

정어지루(2000), 《순애드버타이징》, 서울: 형설출판사.

정어지루(2006), 《新광고학》, 서울: 형설출판사.

한국광고학회 편(1996), 《한국의 광고》, 서울: 나남출판.

제일기획(2003), 〈광고연감〉.

조병량 외(1998), 《현대 광고의 이해》, 서울: 나남출판.

Aaker, David A., B. Rajeev and John G. Myers(1992), *Advertising Management*, 4th ed(Englewood Cliffs, N.J.: Prentice-Hall).

Russell, J. Thomas and W. Ronald Lane(1990), *Kleppner's Advertising Procedure*, 11th ed(Pretice-Hall).

제5장
통합 마케팅 커뮤니케이션 — IMC

1. IMC

기업은 목표 시장에 대해 다양한 커뮤니케이션 수단을 통해서 접근한다. 과거 개별적으로 접근하는 전통적 수단보다는 **IMC**적 접근을 활용한 보다 효율적인 메시지 전달을 추구한다. 급변하는 소비자들의 다양한 생활 방식은 기업에게 효과적인 의사전달을 위한 다양한 커뮤니케이션 수단을 요구하고 있다. 광고 · **SP** · **PR** 등 정형화된 의사전달 수단을 활용한 커뮤니케이션 활동이 아니라 커뮤니케이션 수단간 교류에 의한 통합 방식이 새롭게 부각되고 있는 것이다. 예를 들어 대중음악의 장르인 가요나 팝송은 노래의 청각적 효과를 벗어나 뮤직비디오나 오락 프로그램을 이용하여 시각과 청각을 동시에 활용하는 마케팅 활동을 하고 있다.

1) IMC 정의

기업은 다양한 커뮤니케이션 방법을 활용하여 여러 가지 마케팅 목표를 달성할 수 있다. 장대련(2000)에 의하면 통합 마케팅 커뮤니케이션인 IMC(Integrated Marketing Communication)는 마케팅 목표를 전개하고 관리하는 마케팅 커뮤니케이션의 체계이다. 미국 광고업협회는 IMC를 "광고, DM, SP와 PR 등 다양한 커뮤니케이션 수단들의 전략적인 역할을 비교 검토하고 명료성과 일관성을 높여 최대의 커뮤니케이션 효과를 제공하기 위해 다양한 수단들을 통합하는 총괄적 계획의 부가가치를 인식하는 마케팅 커뮤니케이션의 개념이다"라고 규정짓고 있다. 아렌(Arens)은 IMC를 "통합 마케팅 커뮤니케이션이란 다양한 매체 혹은 다른 접촉들을 통해 종업원, 고객, 다른 이해 관계자 그리고 일반 대중들이 특정 기업과 브랜드가 건설적인 만남을 가질 수 있도록 하는 어떤 전략적 커뮤니케이션 프로그램을 개발하고 조정함으로써 그들과 상호 유익한 관계를 구축하고 강화하는 과정이다"라고 정의한다.

2) IMC의 성격

IMC는 커뮤니케이션 수단들이 각 분야별로 종합적인 역할 수행을 원활하게 함으로써 부가적인 가치 창출을 유도하는 마케팅 커뮤

1) JND를 활용하여 IMC를 효과적으로 표출한 국순당의 백세주 광고 이미지

2) JND를 활용하여 IMC를 효과적으로 표출한 국순당의 백세주 광고 이미지

3) JND를 활용하여 IMC를 효과적으로 표출한 국순당의 백세주 광고 이미지

니케이션의 전략 개념이다. 일반적인 광고나 **PR** 활동, 판매 촉진 활동 등을 유기적으로 연계시킴으로써 상호 보완적이면서 명료하고 일치된 커뮤니케이션 효과를 창출한다. 이를 좀더 설명하면 다음과 같다.

① 상호 보완성

보완성(complementarity)이란 여러 커뮤니케이션 수단들이 서로 부족한 부분을 상호 보충하는 경우를 말한다. **TV**에 방영되는 광고들은 무수히 많다. 따라서 소비자들은 광고는 기억하지만 광고주를 기억하지 못하거나 경쟁 광고의 광고로 잘못 기억하는 경우가 다반사다. 광고의 중요한 목표 중 하나는 소비자들로 하여금 광고의 주체를 정확하게 인식시키는 것이다. 그렇게 하기 위해서 제품의 포장이나 제품 안에 광고 내용의 주요 단서를 삽입하여 노출시키기도 한다. 소비자가 광고를 시청할 때, 그리고 제품을 구입할 때 광고와 광고주, 제품을 정확하게 연결할 수 있는 결정적인 단서를 제공함으로써 광고의 효과를 극대화시킬 수 있다.

② 일치성

일치성(consistency)이란 여러 커뮤니케이션 수단들이 서로 지켜야 하는 최소한의 원칙이다. 여러 수단들이 저마다 모순적인 메시지를 전달해서는 안 된다. 일반적으로 자주 일어나는 커뮤니케이션의 불일치 요소는 광고와 제품 가격 간의 관계이다. 광고에서 고급

스러운 이미지를 전달하고자 하면서 본의 아니게 경쟁사에 비해 저렴한 가격을 부착했을 때, 소비자는 모순적인 이미지를 갖게 된다. 지속적인 저가 정책은 소비자로 하여금 품질에 대한 의심을 품게 만들며, 이 결과 좋은 품질을 강조하는 광고임에도 불구하고 가격으로 인한 편견을 불식시키기에는 역부족이다.

이처럼 IMC는 소비자의 여러 가지 요구 사항과 세부적인 요구 사항에 의해 결정된다. 여러 가지 커뮤니케이션 수단의 믹스 변수가 같은 범주에 의해 개발되고 발전하기 때문에, IMC는 여러 가지 수단들간의 일치성과 보완성을 갖추게 된다.

3) IMC의 발상

IMC의 발상은 마케팅 관리에서부터 출발한다. 근대 마케팅의 특징은 마케팅 지식이 상당히 전문화되거나 분권화되어 있다는 점이다. 광고의 경우 대부분의 회사들이 광고 업무를 광고 대행사 같은 광고 전문 회사에 위임하고 있다. 유통 부문 역시 그 기획과 진행을 위탁 관리 업체에 위임하는 회사들이 점차 늘고 있다. 상품 관리는 기업 내부에서 실시하지만, 상품 관리 부서에서 모든 업무를 진행하는 것이 아니다. 상품 관리의 범주에 포함되어 있는 브랜드나 포장, 신상품 개발 같은 분야는 기업 내부의 특화된 별도의 부서에서 기획하는 등 전문화되어 진행되곤 한다. 하지만 이러한 선분화

와 분권화는 여러 가지 커뮤니케이션의 남발로 전략적 방향이 엇갈
릴 수 있다는 단점을 가진다.

  홍성태·박종원(1997)의 닉스 청바지 마케팅 분석은 국내 IMC
성공 사례의 대표적인 예이다. 대기업에 비해 소규모 업체로 출발
한 닉스는 광고 비용의 제반 여력이 없어 TV 및 신문 등의 주요
매체에 광고를 집행하기가 어려웠다. 따라서 닉스는 광고 대신에
IMC를 사용할 수밖에 없었다. 닉스는 첨단 패션의 욕구가 강한 '뉴
여피족'을 겨냥하는 라이프스타일 마케팅을 강조하였다. 이에 맞
추어 가격을 수입 청바지보다도 훨씬 높게 책정하였고, 상품 측면

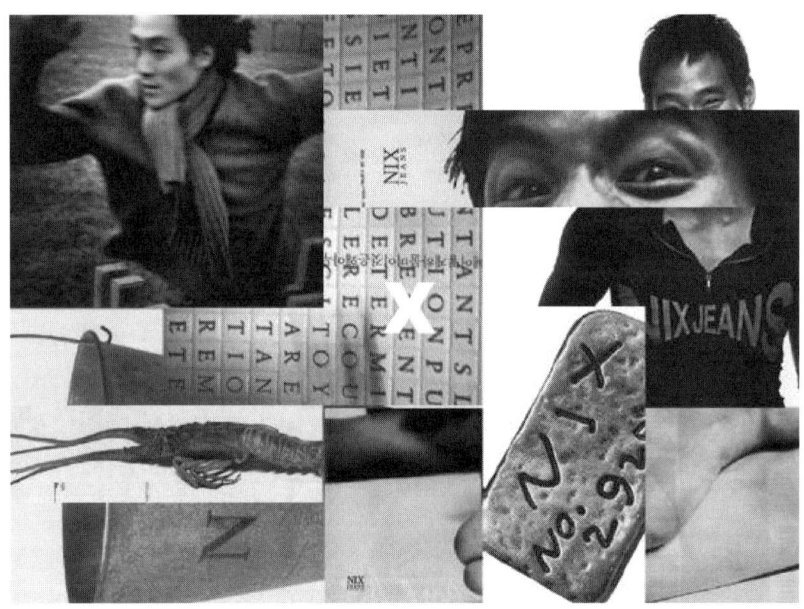

4) 지금은 부도났지만 출시 당시 센세이션을 일으켰던
닉스 청바지의 회사 이미지

에서 다양한 소재를 사용하였다. 또한 한국인의 체형에 맞는 청바지를 만들고, 패션 이미지 유지를 위해 마른 사람만이 입을 수 있는 사이즈만을 취급하였다. 유통 측면에서 점포 입지는 패션의 명소에 집중시켰고, 점포의 레이아웃도 다름 점포에 비해 차별화하였다. 촉진 전략으로는 광고 효과를 최대화하기 위하여 광고를 패션 잡지에 집중 게재하고, 잡지 광고 소재에 과감한 표현물을 게재하였다. 뿐만 아니라 판매 촉진물로 양동이 바스켓과 콘돔을 넣어 주는 색다른 수단을 시도하였다.

2. IMC의 대두

전통적인 마케팅 커뮤니케이션 수단들이 IMC로 전이되는 양상은 기업이 소비자들의 행동 양식 변화에 따라 제품이나 서비스의 마케팅 방식을 변화시킨 데 있다. IMC는 기업의 측면에서 단기적 매출 증가에 따른 주주들의 긍정적인 호응을 얻을 뿐만 아니라, 마케팅 비용이 분산되면서 발생하는 추가적인 비용 부담을 덜어 주는 등 일석이조의 효과를 가져다 준다. 이처럼 광고를 포함한 전통적인 마케팅 실행 방식을 버리고 IMC를 선호하는 현상은 점차 기업의 보편화된 마케팅 수단으로 확산되고 있다.

1) 광고 비용의 전환

전통적으로 마케팅 광고 비용은 주로 매체 광고에만 집중된다. 그러나 대다수의 기업들은 전통적인 광고(TV · 라디오 · 신문 · 잡지)의 비용이 너무 비싸고, 비용 대비 효과가 그리 크지 않다고 인식하고 있다. 시장에서의 치열한 가격 경쟁은 많은 기업들에게 매체 광고를 판매 촉진 예산에 집중시키기보다는 가격 촉진이나 기타 촉진 활동비로의 전환을 가져왔다. 즉 매체 광고에 쓰였던 비용이 개별 소비자나 도소매점의 촉진 활동을 위해 쓰이고 있는 것이다.

2) 광고 중심의 탈피

전통적으로 마케팅 커뮤니케이션의 행위라고 하면 매체 광고의 집행이었다. 기업들은 4대 매체(TV · 라디오 · 신문 · 잡지)와 인터넷 등과 같은 대중매체에 의존해 왔었지만, 최근 들어서는 이러한 방식에서 점차 탈피하기 시작했다. 적은 비용으로 타겟에 초점을 맞춘 커뮤니케이션 도구에 눈을 돌리게 되었는데, 스폰서쉽이나 이벤트 마케팅, 다이렉트 메일, PPL 등이 좋은 예이다.

3) 소매업자의 역할

대형 소매상의 등장으로 개별 소매상은 시련의 변혁기를 맞이하고 있다. 전통적인 유통의 흐름은 제조업자가 중심이 되어 유통 경로를 관리하고 통제되는 방식이었다. 대형 소매상의 등장은 이러한 전통적 유통 경로상의 힘의 구조를 변화시켰다. 개별 소매상들은 생존을 위한 전략으로 전문화된 소매업으로 변화하거나, 대형 소매상이 진출하지 못한 지역에서 활동을 계속하고 있다. 이러한 변화의 움직임은 제조업자들에게 최종 소비자들뿐만 아니라 중간 상인들에 대해서 다양한 판매 촉진 활동이 진행되도록 유도하고 있다.

4) 인터넷 시대의 데이터베이스 마케팅

기업들은 온라인과 오프라인에서의 제품 판매와 A/S 서비스 활동을 통해 고객의 다양한 정보를 보유하고 있다. 고객의 신상명세 데이터뿐만 아니라 지리적이고 인구통계적 테이터나 구매 패턴·선호 매체·신용 등급 등과 같은 다양한 다른 정보들이 기업의 데이터베이스 안에 저장되어 있다. 기업들은 이러한 정보들을 바탕으로 판매 촉진을 위한 타겟 고객을 정하거나 각각의 고객에 맞는 이메일 마케팅·텔레마케팅·DM·직접 반응 광고 등의 직접 마케팅 수단을 사용한다. 특히 인터넷은 통합적인 커뮤니케이션 선략과

비지니스 전략을 위한 쌍방향적 매체로서 그 역할을 톡톡히 하고 있다.

5) 광고 대행사의 책임

많은 기업들이 마케팅의 주요 수단인 매체 광고를 위해서 광고 대행사에게 업무를 위임하고 있다. 광고 대행사는 광고주 제품의 시장 점유율과 인지도, 판매량에 따른 이익율을 극대화시키기 위해 복합적인 광고 전략을 수립한다. 그리고 광고 대행사는 광고뿐만 아니라 다양한 커뮤니케이션 수단을 사용하여 광고주의 이익 증대를 꾀할 책임이 있다. 따라서 대중매체 광고를 대체하거나 보완할 수 있는 저렴하고 다양한 커뮤니케이션 수단을 개발하는 것도 중요한 과제이다.

기업들은 제품과 서비스의 마케팅 프로모션 방법이 변화되어야 한다고 인식하고 있다. 그들은 시장 상황이 대중매체와 같은 특정한 마케팅 커뮤니케이션 도구에만 묶여 있을 수 없다는 것을 잘 알고 있다. 기업들은 타겟 고객이 그들의 메시지를 가장 잘 전달받을 수 있는 커뮤니케이션 수단이 있다면 무엇이든지 사용한다. 따라서 광고 대행사들은 광고만을 만드는 전문가 집단의 테두리에서 벗어나 자신들의 능력에 맞는 또 다른 커뮤니케이션 수단을 개발해야 한다. IMC의 혁명은 광고 대행사들에게 생존을 위한 변화를 부채질하고 있다. 따라서 광고 대행사는 그들의 위치를 재포지셔닝하여 클라이언트에게 통합적인 마케팅 커뮤니케이션과 관련된 모든 것들을 관리할 수 있다는 확신을 심어 주어야 한다.

3. IMC의 특성

통합 마케팅 커뮤니케이션은 1990년대에 이룩된 마케팅의 발전 요소 중에서 가장 중요한 위치를 차지하고 있다. 기업에서는 1990년대 이전만 해도 커뮤니케이션의 요소들을 별개의 활동으로 취급해 왔다. 하지만 오늘날의 마케팅은 '통합'을 전제로 하는 마케팅 커뮤니케이션만이 성공하는 추세이다.

IMC는 기존 고객이나 잠재 고객을 타겟으로 삼아 다양한 형태의 설득 커뮤니케이션 프로그램을 개발하고 실행시키는 과정이다. 이를 통해서 특정 커뮤니케이션 수용자의 '행동'에 직접적으로 영향을 미치는 것이 IMC의 주된 목적이다. 또한 IMC는 기존 고객이나 잠재 고객이 가지고 있는 기업명과 브랜드의 접촉 경로 모두를 향후 그들에게 영향을 끼칠 메시지의 잠재적 전달 경로로서 고려하기도 한다. 다시 말해서 IMC란 기존 고객이나 잠재 고객으로부터 출발하여 설득 커뮤니케이션 프로그램을 개발하고 집행하는 등 고객으로 되돌아가 그들을 설득하는 과정을 말한다.

Sweet Valentine Package & White Package

연인과 편안한 휴가를 보낼 수 있는 서울신라호텔의 스위트 발렌타인 & 화이트 패키지.
오리털로 리뉴얼한 편안한 베드에서의 하룻밤과 더 파크뷰, 더 라이브러리 등
시크한 공간에서 WIP가 된 기분을 만끽할 수 있다.

기간   Sweet Valentine Package   2007.2.9 (금) ~ 15 (목)
　　　Sweet White Package   　　2007.3.12 (월) ~ 18 (일)

포함내역
· 화려한 시티 뷰의 최첨단 EFL(Executive Floor Lounge) 디럭스 객실 1박
· 조식제공(2인), 스낵과 드링크가 제공되는 Happy hour 서비스(오후 5:30~8시)
· 패스트리 부티크의 수제 초콜릿
· 세계적인 플로리스트 폴라 프라이크의 웰컴 부케 교환권
· 피트니스클럽 무료 이용 혜택
· 발렌타인 패키지에는 Nick&Nora의 커플 파자마가
　화이트 패키지에는 겔랑의 소프트 파우더 퍼프가 제공됩니다.

가격   Sweet Valentine Package 25만원
　　　Sweet White Package   　　27만원 (세금, 봉사료 별도)

문의   02-2230-3310 l http://www.shilla.net

Tip 01 로맨틱한 디너를 원한다면?
스위트 패키지 서비스에 'The Parkview'의 2인 디너
뷔페와 '더 라이브러리'에서의 초콜릿 뷔페가 추가로
제공되는 '로맨틱 발렌타인 & 화이트 패키지를
이용해보자. (37~39만원/세금,봉사료별도)

Tip 02 세계적인 명성의 겔랑 스파에서 커플
스파를 즐기고 싶다면?
풋 스파룸에서의 발 트리트먼트와 커플룸에서
페이셜, 바디 트리트먼트를 받을 수 있는
발렌타인&화이트 스파 패키지를 이용해보자.
2인 90분 세션/ 341,000원 (세금포함)

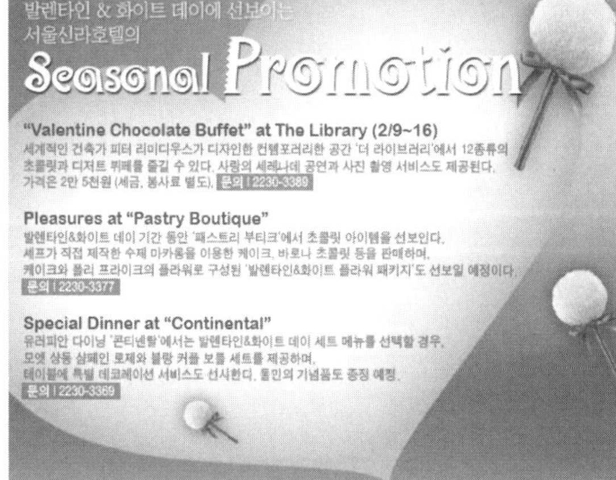

5) 신라호텔의 IMC 활용
판촉 광고 이미지

1) 고객으로의 출발

IMC는 기존 고객이나 잠재 고객의 욕구를 파악하는 것에서 시작한다. 설득 커뮤니케이션으로 구성되어 있기에 IMC는 마케팅 커뮤니케이션 수단들 가운데 효과적인 커뮤니케이션 도구이다. IMC는 기업이 커뮤니케이션 도구의 결정에 있어서 기업의 눈으로 고객을 바라보는 내부지향적 접근법을 지양한다. 그 대신에 고객의 정보 추구 욕구와 제품 구입의 동기 유발에 가장 부합되는 커뮤니케이션 도구를 사용하도록 고객의 욕구를 파악하는 것으로부터 출발하는 외부지향적 접근법을 지향한다.

2) 고객과 브랜드 관계

성공적인 마케팅 커뮤니케이션을 위해서는 고객과의 관계 구축이 필수 요소이다. 관계 구축이란 기업과 브랜드 그리고 소비자 간에 지속적인 연관 관계 형성을 통해 고객의 브랜드 충성심을 유지시키는 것이다. 고객이 해당 기업의 제품을 반복 구매하는 행위를 함으로써 긍정적인 브랜드 애호도를 구축하는 것이다. 기업은 새로운 고객을 찾아 나서기보다는 기존 고객과의 관계를 더욱 돈독히 하면서 충성 고객을 양산한다. 이를 위해서 기업은 'VIP 고객,' '프리미엄 고객' 등의 우대제도 서비스를 실시하여 다양한 형태의 보상 프로그램을 통한 고객과의 우호적인 관계 유지에 심혈을 쏟고 있다.

3) 행동의 영향

IMC의 목표는 소비자의 행동에 영향을 주는 것이다. 마케팅 커뮤니케이션이 단순히 브랜드 인지도에 영향을 미치거나 브랜드에 대한 소비자 태도를 강화하는 기본적인 역할을 넘어서 제품 구매 행위처럼 특정한 행동의 결과를 이끌어 내도록 하여야 한다. 소비자는 대체로 새로운 제품을 구입하기 전에 그 제품의 브랜드에 대한 긍정적이고 호의적인 태도를 가지고 있다. IMC는 제품 구매라는 기업의 목표 달성을 위해서 고객이 초기에 행동할 수 있도록 단계별 변화를 유도한다. 따라서 IMC의 평가는 과연 IMC가 소비자의 최종적 판단에 어떠한 영향을 주는지에 대한 결과 분석을 하는 것이다.

4) 접점의 활용

IMC는 모든 형태의 마케팅 커뮤니케이션 수단을 복합적으로 사용한다. 이를 통해서 발견한 것이 바로 고객 접점이다. '고객 접점'이란 기업이 메시지 전달 경로의 대안으로 활용하는 것으로서, 타겟 고객에게 도달하면서 브랜드에 유리하게 작용할 수 있는 다양한 유형의 메시지 경로를 의미한다. 즉 IMC의 목적은 적절한 접점을 이용하여 타겟 고객에게 효과적이면서 효율적인 접근을 하는 것이다. IMC를 활용하는 관련 담당자들은 기업이나 브랜드의 메시지를 대중매체 광고 같은 단일 커뮤니케이션 수단에만 의존하지 않는다. 가능한 많은 잠재 고객에게 메시지를 도달시키기 위해서, 모든 종류의 매체를 사용하거나 다양한 접촉 방법을 동원한다. 인터넷 홈페이지 · 이메일 · DM · 스포츠 스폰서쉽 · 예술 행사 후원 · 제품 포장물 광고 · T셔츠 인쇄 · 점포 내 전시대 등이 기존 고객이나 잠재 고객에게 접근 가능한 중요한 접점이다.

5) 시너지 효과

커뮤니케이션의 도구는 광고 · 이벤트 · 판촉 · PR · POP 디스플레이 등 여러 가지가 있다. 강력하고 통일된 브랜드 이미지를 구축하면서 소비자의 구매 행동을 이끌기 위해서는 이러듯 다양한 마케팅 커뮤니케이션 도구들의 역할에 대한 적절한 조정이 필요하다. 다양한 마케팅 커뮤니케이션 도구들을 잘 조정하여 활용하다 보면 자연스럽게 시너지(synergy)가 창출되면서 기대하지 않았던 긍정적인 효과들이 발생하기도 한다.

4. IMC의 전략

IMC 전략의 기본 목표는 판매 촉진의 극대화이다. IMC 전략은 타겟 청중과 브랜드의 컨셉트를 설정하고 마케팅 믹스 프로그램을 검토한 후 커뮤니케이션 효과의 단계별 목표를 구체적으로 설정하는 것이다. 또한 광고 · PR · SP · 이벤트 등의 커뮤니케이션 도구들을 비교 검토하고 각각의 커뮤니케이션 도구의 전략적 역할을 할당하며 이에 따르는 예산을 확보하고 배정하는 일련의 수립 과정이다.

1) 마케팅 전략과 STP

IMC 전략이 하위 개념이라면 마케팅 전략은 상위 개념이다. 일반적으로 IMC는 기업이 판매 촉진을 위해 세운 마케팅 전략을 토대로 진행된다. 적절한 커뮤니케이션 수단을 바탕으로 마케팅 목표를 달성하는 전략의 실천인 셈이다. 따라서 기업이 IMC 전략을 수립하기 위해서는 무엇보다도 커뮤니케이션 수단을 적절하게 활용할 수 있는 마케팅 전략을 검토하고 수립하는 것이 우선이다. 우리가 흔히 알고 있듯이 마케팅 전략이란 시장을 세분화(Segmentation)시키고 타겟 소비자(Targeting)와 제품 포지셔닝(Positioning)을 선정하는 STP를 기본 골격으로 한다. 기업은 이를 바탕으로 수립된 마케팅 전략을 토대로 타겟 청중을 선정하고 이들에게 전달할 적절한

6) 동양매직의 IMC 활용 판촉 광고 이미지

커뮤니케이션 컨셉트를 세워야 한다. 또한 마케팅 활동의 일관성을 위해서 기타 다른 마케팅 믹스 요소들까지도 검토해야 한다.

① STP와 브랜드 컨셉트

STP는 마케팅 전략을 구성하는 동시에 IMC 전략을 세우는 토대가 된다. 시장을 세분화시키고 타겟 소비자와 제품 포지셔닝을 선정한다. STP는 브랜드 컨셉트에 있어서 타겟 청중 고려를 우선으로 한다. 마케팅 전략에서 선정된 타겟 소비자는 IMC 전략에서의 타겟 청중으로 설정되기도 하며, 동질적 욕구의 소비자 집단을 바탕으로 타겟 소비자를 선정하고 브랜드 포지셔닝을 결정한다. 이는 IMC 전략 수립시 소비자에게 전달하고자 하는 브랜드 컨셉트로 재정립된다.

② STP와 마케팅 믹스 프로그램

STP를 실행하려면 마케팅 믹스 프로그램을 가동시켜야 한다. 마케팅 믹스 프로그램은 구매 촉진 프로그램이나 마케팅 커뮤니케이션의 실천 도구로서, 소비자가 시장에서 허용할 수 있는 가격을 제시하고, 편리하게 제품을 구매할 수 있도록 거미줄 같은 유통망을 설계한다. 마케팅 믹스 프로그램의 기획은 초기 단계부터 IMC 전략과 상호 보완적 관계가 유지되도록 세워져야 한다.

2) 마케팅 믹스 프로그램 검토

안광호(2004)는 마케팅 믹스 프로그램의 검토를 "결정된 STP를 실행하기 위한 마케팅 믹스 프로그램은 소비자의 욕구를 충족시켜 줄 수 있는 제품을 개발하고(Product), 기업에게 적정 이윤을 보장하면서 소비자가 수용할 수 있는 가격을 제공하며(Price), 소비자가 편리하게 제품을 구매할 수 있는 유통망을 설계하고(Place), 소비자에게 제품을 알리고 구매를 유도하는 촉진 프로그램 또는 마케팅 커뮤니케이션을 설계하는 활동"이라고 언급했다. 효과적이고 일관성 있는 IMC 전략을 펼치기 위해서는 마케팅 믹스별로 고려해야 할 요소들이 많다. 안광호·이유재·유창조의 《광고 관리》를 중심으로 제품·가격·유통 전략의 검토 요소를 살펴본다.

① 제품 전략시 검토 요소

제품 전략시 검토해야 하는 요소 중 첫번째는 브랜드의 핵심 개념을 반영하는 커뮤니케이션 프로그램을 개발하는 것이다. 핵심 개념이란 소비자가 해당 제품으로부터 원하는 핵심적인 편익을 말하며, 핵심 개념과 또 다른 유형으로 유형적 개념과 확장된 개념이 있다. 유형적 개념이란 소비자가 추구하는 핵심적 편익을 패키지·제품 특징·스타일·품질 및 브랜드명을 통하여 구체적으로 유형화시킨 것이고, 확장된 개념이란 유형적 개념 외에 소비자에게 부가적으로 제공되는 서비스로 배달·신용 제공·보증·제품 설치·애프터서비스를 통칭하는 것이다. 제품의 핵심 개념은 커뮤니케이션 컨셉트로 연결될 가능성이 높고, 유형적 개념과 확장된 개념은 커뮤니케이션 컨셉트를 구체화하는 데 활용된다.

두번째는 커뮤니케이션 전략을 세울 때 제품 믹스 측면도 고려하는 것이다. 기존의 제품 계열 내에서 신제품을 추가로 출시하는 것인지, 아니면 기존의 제품 계열 외에 새로운 제품 계열을 출시하는 것인지 등을 고려하는 것이다. 기존의 차별화를 달성할 수 있는 커뮤니케이션 프로그램을 준비하여 제품 잠식 현상을 최소화할 필요가 있다. 또한 기업은 브랜드 전략과 관련하여 새로운 브랜드명을 사용할 것인지, 또는 기존의 브랜드명을 가지고 제품 계열 확장을 할 것인지 고려해야 한다.

세번째로는 브랜드의 계층 구조를 정확히 이해해야 한다는 것이다. 브랜드의 계층 구조는 기업명, 개별 브랜드명 및 브랜드 수식어들 간의 구조적인 관계를 의미한다. 한 회사가 다양한 제품군들을 운영하는 경우, 관련 제품을 묶어서 공동 브랜드를 도입하는 경우도 있다. 브랜드 계층 구조 관리의 핵심은 취급 제품들을 기업명 중심으로 운영할 것인가 아니면 개별 브랜드 중심으로 운영할 것인가이다. 브랜드 계층 구조가 기업명 중심으로 운영되는 경우에는 기업의 아이덴티티를 강화시켜 주는 특징을 강조하며, 개별 브랜드 중심으로 운영되는 경우에는 경쟁 브랜드와의 차별적인 요소들이 커뮤니케이션 메시지에 반영되어야 한다. 또한 기업은 커뮤니케이선 과정에서 기업명만을 표기할 것인지, 또는 브랜드에 대한 수식 어도 포함시킬 것인지 신중하게 고려해야 한다.

마지막으로 마케터는 패키지가 제공하는 커뮤니케이션 기능을 고려해야 한다. 일반적으로 좋은 패키지는 시각적 주의 유발, 정보 제공, 감성적 소구력, 기능 수행력 등의 기능을 수행하는데, IMC 관리자는 각 커뮤니케이션 도구들과 패키지 간의 연계성과 상호 보완성을 확보할 수 있도록 노력해야 한다.

② 가격 전략시 검토 요소

가격 전략시 검토해야 하는 요소 중 첫번째는 시간의 경과에 따른 커뮤니케이션 프로그램을 조정하는 전략이다. 스키밍 가격 전략(skimming pricing strategy)과 침투 가격 전략(penetration pricing strategy)으로 구분되는데, 스키밍 가격 전략은 신상품에 대한 고가격을 책정한 다음 시간이 경과하면서 점차 가격을 낮추는 정책이다. 침투 가격 전략은 신상품 출시시 가격을 매우 낮게 책정함으로써 대량 판매에 의한 원가 우위를 통해 수익성을 확보하려는 전략이다.

두번째는 고객별로 가격 차별화를 추구할 필요가 있는지를 검토하는 것이다. 고객별 가격 차별화란 소비자 집단에 따라 서로 다른 가격을 제시하여 이익의 극대화를 추구하는 것이다. 만약 가격 차별화 전략이 필요할 경우, 기업의 IMC 관리자는 이를 실행에 옮길 수 있는 적절한 커뮤니케이션 도구를 선정하여야 한다. 촉진 믹스 중 SP(sales promotion)는 이러한 가격 차별화를 실행에 옮기는 데 사용될 수 있는 도구이다. 소비자들에게 쿠폰을 제공하거나 리베이트를 제공하는 것은 가격 차별화 전략과 관련하여 활용될 수 있는 대표적인 판촉 도구의 예이다.

세번째는 마케팅 커뮤니케이션이 소비자들의 준거 가격 형성에 미치는 영향이 무엇인지 제대로 파악하는 것이다. 기업의 커뮤니케이션 활동은 소비자들이 준거 가격 형성에 영향을 미칠 수 있기 때문이다. 준거 가격(reference price)이란 소비자가 제품 가격을 '싸다, 비싸다'라고 판단하는 기준이다. 이는 소비자의 과거 구매 경험이나 현재 가지고 있는 가격 정보를 토대로 형성되는 경향이 있다.

③ 유통 전략시 검토 요소

유통 전략시 검토해야 하는 요소 중 첫번째는 유통 경로 구성원에 의해 수행될 커뮤니케이션 기능을 고려하는 것이다. 소비자들에게 전달되는 메시지는 대부분 제조업체에 의하여 기획, 전달되지만 경우에 따라서는 유통 경로 구성원에 의하여 전달되기도 한다. 마케터는 유통 경로 구성원이 소비자들에게 자사 브랜드에 대해 긍정적인 메시지를 전달할 수 있는 여건을 마련하고, 유통 경로 구성원과 협력하여 커뮤니케이션 프로그램을 기획할 필요가 있다. 판매 촉진(trade sales promotion)을 실시하여 유통 커버리지를 높이거나 유통 경로 구성원의 판매 동기를 부여하고, 좋은 진열 매대를 확보하는 것들이 대표적 예이다.

두번째로는 커뮤니케이션 프로그램을 기획하는 데 있어서 브랜드의 유통 커버지리를 고려하는 것이다. 유통 커버리지 전략에는 집약적 유통, 전속적 유통, 선택적 유통 등이 있는데, 집약적 유통이란 특정 지역 내에서 가능한 많은 중간상들에게 제품을 공급하는 경우이고, 전속적 유통은 한 지역 내에서 한 개의 중간상에만 제품을 공급하는 경우이며, 선택적 유통은 집약적 유통과 전속적 유통의 중간 형태를 말한다.

유통 전략의 세번째 검토 요소는 기업이 푸쉬 전략(push strategy)과 풀 전략(pull strategy)에 따라 차별적인 커뮤니케이션 계획을 수립해야 한다는 점이다. 푸쉬 전략은 유통 경로 구성원에게 판매 동기를 부여하여 제품의 판매를 촉진하는 전략을 말하며, 풀 전략은 최종 소비자의 구매 욕구를 직접 자극하여 유통 경로 구성원들이 소비자가 원하는 제품을 취급하도록 만드는 전략이다.

3) IMC 목표의 설정

IMC의 목표는 기업이 IMC를 통해서 소비자의 행동에 직접적인 영향을 미치는 것이다. IMC 전략의 시작은 마케팅 전략을 바탕으로 한다. 따라서 IMC의 목표 역시 마케팅 목표를 토대로 설정되어야 한다. 경우에 따라서 양자간의 목표가 다를 수도 있다. 마케팅 목표는 시장 점유율과 판매량·이익율·투자 수익율 등으로 계량화할 수 있어 측정이 가능하다. 비록 측정의 수치를 단순하게 IMC 활동에 의한 마케팅 목표라고 말하기는 어렵겠으나 가시적 결과물임은 자명하다. IMC와 제품·가격·유통 등 마케팅 커뮤니케이션의 모든 요소들과 총체적 결과물을 위한 설정이 바로 마케팅의 궁극적인 목표이다.

4) 마케팅 커뮤니케이션 도구

IMC 목표가 결정되었다면 이제는 실행에 옮길 커뮤니케이션 도구들을 찾는 일이 남았다. 타겟 청중이나 브랜드의 핵심 개념을 전달하는 데 가장 효과적인 커뮤니케이션 도구가 무엇인지 각각의 특장점을 비교하여 가장 알맞은 IMC 목표 수행 도구를 찾아내는 것이다. 마케팅 커뮤니케이션의 도구에는 광고·PR·퍼블리시티·SP 등의 대표적인 수단들 외에 이벤트·인터넷 광고·DM·텔레마케팅·직접 반응 광고 등 다양한 촉진 믹스가 있다. 커뮤니케이션의 도구들이 독립적으로 활용되어 효과가 나타나기를 기대하는 것보다는, 각각의 도구들이 동시에 수행되면서 보다 긍정적인 효과 창출을 이끌어 내어 시너지 효과를 얻는 것이 좋다. 한편 본격적으로 커뮤니케이션 도구들을 선정하고 실행에 옮길 때에는, 정형화된 실행법보다는 상황과 현실에 맞는 가변적이고 창조적인 역할을 부여해 전략적 효과를 극대화시켜야 할 것이다.

5) 마케팅 커뮤니케이션 예산 확보

전쟁터에 나가는 병사들의 총에 탄환이 없다면 낭패가 아닐 수 없다. 이처럼 마케팅 커뮤니케이션에 있어서도 IMC 목표를 위한 알맞은 커뮤니케이션 도구를 선정했음에도 불구하고 이를 실행할 수 있는 충분한 예산이 없다면 기대하는 결과를 장담하기 어렵다. 마케팅 커뮤니케이션 예산을 너무 높게 책정하면 불필요한 지출이 발생하고, 너무 낮게 책정하면 기대만큼의 커뮤니케이션 목표를 달성하기가 어렵다. 예산 때문에 IMC 실행에 차질이 생기는 오류를 범하는 일은 금물이다. 적절한 예산을 확보하기 위해서는 IMC 목표을 수행하는 관련 부서들과의 이해와 긴밀한 협조가 필요하다.

마케팅 커뮤니케이션의 예산 확보는 주로 IMC 전략 수립 과정의 마지막 단계이기는 하지만, 몇몇 기업에서는 반대로 마케팅 커뮤니케이션의 예산 확보에 의한 IMC 전략을 수립하는 전략을 펼치기도 한다. IMC 전략의 시작을 마케팅 커뮤니케이션의 예산 확보로부터 출발한다는 의미로, 결정된 예산에 따라 적절한 IMC 목표를 수립하는 것이다. 시간적 손실을 피하고 업무의 집중도를 강화시킨다는 점에서 종종 활용되고 있다.

광고 이미지 출처

1), 2), 3) 국순당 영업팀 제공.
4) 닉스 홈페이지 http://www.nixjeans.com
5) 신라호텔 홍보팀 제공.
6) 동양매직 홍보GI팀 제공.

참고 문헌

김동훈 · 안광호 · 유창조 공저(2001), 《마케팅 커뮤니케이션 관리》, 서울: 학현사.
박명호 · 박종무 · 윤만희(2002), 《마케팅》, 서울: 경문사.
손영석 · 나운봉 편저(1999), 《광고실무론》, 서울: 학현사.
안광호 · 이유재 · 유창조(2004), 《광고 관리》, 서울: 법문사.
안광호 · 유창조 공저(1998), 《광고원론》, 서울: 법문사.
양영종 · 김상훈 · 정걸진(2002), 《디지털시대 광고론》, 서울: 형설출판사.
오인환 편(2001), 《현대광고론》, 서울: 나남출판.
이종호(1996), 《광고론》, 서울: 경문사.
이두희(1997), 《광고론》, 서울: 박영사.
장대련 · 한민희(2000), 《광고론》, 서울: 학현사.
정어지루(2000), 《순애드버타이징》, 서울: 형설출판사.
정어지루(2006), 《新광고학》, 서울: 형설출판사.
홍성태 · 박종원(1997), 닉스 사례 연구, 마케팅 연구, 12권 2호.
Aders Gronstedt(1996), 〈Integrating Marketing Communication and Public Relations: A Stakeholder Relations Model〉, *Integrated Communication: Synergy of Persuasive Voices*(eds.), Esther Thorson and Jeri Moore(N.J.: Lawrence Eribaum Associates).
D. E. Schultz, S. Tannenbaum and R. F. Lauterborn(1994), *The New*

Marketing Paradime: Integrated Marketing Communication, NTC Business Books.

Terence A. Shimp(1997), *Advertising, Promotion, and Supplemental Aspercts of Integrated Marketing Communication*, Dryden Press.

William F. Arens(1999), *Contemporar Advertising*(Irwin McGrawill).

제6장
광고의 실제 1 — 인쇄 광고

인쇄매체 광고

인쇄매체 광고는 전통적인 광고매체 중 하나이다. 인쇄 광고란 신문·잡지·전단 등을 통해 활자와 그림을 노출시키는 광고를 칭한다. 다시 말해서 신문이나 잡지같이 상업적으로 발간되는 매체를 활용하여 기업 PR·제품 PR·이벤트 PR·인물 PR 등 다양한 광고를 진행하는 것이다.

인쇄매체 광고에는 신문 광고와 잡지 광고, 전단 광고 등이 있으며, 일간지·주간지·월간지·격주간지·격월간지 등 주기적으로 발행되는 매체와 포스터, 전단이나 팸플릿, 카탈로그 등처럼 비주기적으로 발행되는 매체에 광고가 실린다. 또한 전화번호부·학보·사보·연감과 같은 명부들도 인쇄매체의 범주에 속한다.

인쇄매체 광고는 일반적으로 신문 광고가 메인매체로 활용되며, 월간지 잡지 광고와 주간지 광고가 서브매체로 진행된다. 그러나 제품 PR에 있어 품목별 개별 광고시에는 잡지 광고가 효과적인 매체 수단으로 활용되기에 신문 광고보다 잡지 광고가 메인매체로 쓰인다. 이 장에서는 4대 매체 중 하나인 신문 광고와 잡지 광고를 중점적으로 설명하고자 한다.

1. 신문 광고(newspaper advertising)

신문 광고는 매체별 광고 금액을 기준으로 현재 우리나라에서 가장 많이 선호되어 사용되고 있는 매체이다. 인터넷의 영향으로 독자수나 발행수, 광고의 수입면에서 점진적인 감소 추세에 있는 오늘날의 세계적인 동향과는 달리 우리나라의 신문 발행은 지난 10여 년간 20퍼센트 이상의 성장을 해왔다. 1990년대말 **IMF** 관리 체제의 영향으로 인해 그 성장이 잠시 주춤하였으나, 이후 신문이 광고매체 가운데 중요한 위상을 갖고 있다는 점에는 의심의 여지가 없다. 미국과는 달리 우리나라의 신문은 전국적인 매체이고, 발행 부수가 많은 특징을 가지고 있는데, 사회적으로는 권력의 중심에 있어 신문의 수용자를 뛰어넘을 만한 매체가 존재하지 않는 실정이다.

1) 신문의 형태

신문은 발행 주기, 배포되는 지역, 배포 시장, 이용자, 페이지 크기, 발행 성격에 따라 분류할 수 있다. 신문은 발행 주기에 따라서

1) 조선일보 2007년 2월 2일자 1면 광고

일간신문·주간신문·격주간신문·월간신문 등으로 분류되며, 배포되는 지역에 따라서는 중앙지와 지방지로 구분되고, 배포 시장에 따라서는 전국 신문과 지방 신문으로 분류된다. 페이지의 크기에 따라서 표준 신문(대판형)과 타블로이드 신문으로, 신문의 발행 성격에 따라서는 경제지·스포츠지·영자신문·소년신문·특수신문·무가지 등으로 구분되기도 한다.

신문 광고는 이용자가 누구냐에 따라 전국 광고주, 지역 광고주, 공동 광고주로 분류된다. 전국 광고주는 전국 신문에 게재되는 광고의 스폰서를 말하며 주로 중앙지에 광고 집행을 많이 하고, 지역 광고주는 지방 신문에 게재되는 광고의 스폰서이다. 공동 광고주는 제조회사와 지역 대리점 혹은 도매상이 광고비를 공동으로 분담하는 형태로 진행되고, 이런 식으로 내는 광고를 공동 광고라고 한다.

한편 우리나라에서 발행되는 신문의 대부분은 일간신문이며 이 가운데 90퍼센트 이상이 조간신문이고, 10퍼센트만이 석간신문이다. 종합일간신문에는 경향신문·국민일보·동아일보·문화일보·서울신문·세계일보·조선일보·중앙일보·한겨레·한국일보가 있고, 경제신문에는 매일경제신문·머니투데이·서울경제신문·제일경제신문·파이낸셜뉴스·한국경제신문·헤럴드경제가 있다. 스포츠신문에는 스포츠 서울·스포츠 조선·스포츠 칸·스포츠 월드·일간스포츠가 있으며, 영자신문으로는 코리아타임즈·코리아헤럴드·헤럴드 튜리뷴이, 특수신문에는 디지털타임즈·전자신문·무역일보가 있다. 무가지로는 메트로·더데일리포

2) 주요 신문사 제호 이미지

커스·AM7·데일리 줌·스포츠한국·노컷뉴스가, 인터넷 신문으로는 머니투데이 스타뉴스·아이뉴스 24·오마이뉴스·이데일리·프레시안·고뉴스·마이데일리 등이, 통신사로는 연합뉴스와 뉴시스가 있다. 또한 지방종합 일간지로는 강원도민일보·강원일보·경기일보·경인일보·중부일보·경북매일·경북일보·경남도민일보·경남신문·대구일보·매일신문·영남일보·경상일보·울산일보·경인매일·광주매일·광주일보·광주타임즈·무등일보·전남매일·전남일보·호남신문·국제신문·부산일보·기호일보·인천일보·대전매일·대전일보·중도일보·동양일보·중부매일·충청일보·한빛일보·제민일보·제주일보·한라일보·내일신문 등이 있다(2006년 12월 기준).

2) 신문 광고의 형태

양영종(2002)은 신문 광고를 크게 디스플레이 광고, 분류 광고, 간지 광고로 분류했다. ‘디스플레이 광고’는 대부분의 기업 광고와 제품 광고를 말하는 것으로서 헤드라인·본문·일러스트레이션 등으로 구성된 일반적인 신문 광고를 말한다. 이 광고는 신문의 거의 모든 면에 게재할 수 있으며, 5단 크기부터 15간 크기까지 다양하게 변형 가능하다. ‘분류 광고’는 분류면에서 짧은 문구로서 구성된 형태의 광고를 게재하는 것이다. 주로 구인 정보·인사동정·부고·부동산 매매 등 개인이나 소규모 상인들이 이용하는 광고이다. ‘간지 광고’는 사전에 제작된 광고물을 신문지 사이에 끼워서 배달하는 형태의 광고이다. 주로 소책자나 카탈로그, 전단지 형태나 엽서의 형태로 다양하게 제작된다.

신문 광고의 유형은 광고가 실리는 위치에 따라 광고면 광고, 돌

3) 르노삼성의 디스플레이 광고 이미지

고령화시대 진입 노인복지사 절실히 필요

'노인복지사'를 취득하라!

4월 22일 시험확정

학력, 경력에 상관없이 누구나 응시가능
5과목 객관식 평균 60점 이상 합격
병원, 복지시설, 실버타운 등에 취업 및 개업

고령화사회 노인복지사

4) 조선일보 2007년 2월 14일자 분류 광고 이미지

2등주·중소형주가 앞서간다

단기급등에 따른 지수조정이 이어지는 가운데 철강·전기전자·은행·보험 등 그동안 지수 상승을 이끌었던 업종 내에서도 종목별로 주가가 차별화된 조정을 보이고 있다. 이달 들어 4일 동안 코스피지수가 68포인트 넘게 상승하면서 지수에 대한 부담이 커짐에 따라 업종 대표주보다는 2등주, 대형주보다는 중소형주에 매수세가 몰리면서 이들 종목이 상대적으로 강세를 보이고 있는 것이다.

하지만 증시의 수급여건이 악화될 경우 투자자들이 중소형주 비중을 줄일 가능성도 배제할 수 없는 만큼 실적 모멘텀이 확실한 종목 중심으로 투자범위를 좁히는 전략이 필요한 것으로 지적되고 있다.

업종대표주보다 상대적 강세 두드러져
LG필립스·동국제강·신한지주등 '탄력'
"실적 모멘텀 가진 종목 위주로 투자해야"

기업들 M&A 원활해질듯

현대건설·대우조선등 매각협상 가속 전망

금융감독원이 기업의 인수합병(M&A)을 원활하게 하기 위해 주식매수청구권을 M&A 공시 전에 취득한 주식에만 허용하는 방안을 추진하고 있다.

현재는 주주 확정일 직전까지 주식을 보유하면 주식매수 청구권을 행사할 수 있다.

국민銀 작년 순익 2兆4,721억 "사상 최고"

하나지주도 1兆 돌파

국민은행이 지난해에 사상최고의 순이익을 올렸다. 하나금융지주도 출범 2년차에 순익 1조원을 돌파하는 등 무난한 실적을 발표했다.

한전 작년 영업익 1兆2,316억

기대 못미쳐 이틀째 약세

지난해 한국전력의 실적이 시장기대치에 못 미치면서 주가가 이틀째 큰 폭의 하락세를 보였다.

---

5) 서울경제 2007년 2월 9일자 광고면 광고 이미지

박지성 첫 결승포

찰턴전 선제 헤딩골
28일만에 시즌 2호

맨체스터 유나이티드(이하 맨유)의 '산소 탱크' 박지성(26)이 시즌 2호골을 작렬하며 팀 승리를 이끌었다.

박지성은 11일 오전(이하 한국시간) 맨체스터 올드트래퍼드에서 열린 찰턴 애슬레틱과의 2006-07 잉글랜드 프리미어리그(EPL) 27라운드 홈경기에 선발 출전, 전반 24분 헤딩으로 선제 결승골을 뽑아내는 수훈을 세웠다. 맨유는 후반 38분 대런 플레처의 추가골로 2-0으로 승리, 21승3무3패(승점 66)로 리그 선두를 질주했다.

박지성은 크리스티아누 호날두가 결장한 가운데 4-4-2 포메이션의 오른쪽 측면 미드필더로 나섰다. 지난 7일 런던에서 열린 그리스와의 축구 국가대표팀 친선경기에 선발 출전, 80분을 뛰어 체력 부담이 우려됐지만 박지성은 전반 초반부터 활발한 몸놀림으로 골사냥을 예고했다.

전반 1분 왼발 터닝슛으로 슛 감각을 조율한 박지성은 5분 후 페널티에어리어 오른쪽 외곽에서 강력한 오른발 슈팅을 날렸지만 찰턴 골키퍼 카슨의 다이빙 세이브에 가로막혀 골로 연결하지 못했다.

가벼운 몸놀림을 보이던 박지성은 전반 24분 선제골을 뽑아냈다. [이하 생략]

한편 이동국(28 미들즈브러)은 첼시와의 원정경기 출전 엔트리에 이름을 올리지 못하며 EPL 데뷔전을 다음으로 미뤘고 이영표(30 토트넘)와 설기현(28 레딩)도 출전 엔트리에 제외됐다.

김정민 기자 gobiw@

자살 정다빈 '풀리지 않는 의문들'

스포츠한국 신입사장 박진열씨

27세의 꽃다운 나이로 세상을 등진 탤런트 정다빈(26 본명 정혜선)의 죽음 앞에 모든 이들이 안타까운 마음에 망연자실했다. 정다빈의 밝은 성격을 기억하는 지인들과 소속사 측은 그가 자살했다는 주장에 대해 의구심을 떨쳐내지 못하고 있다.

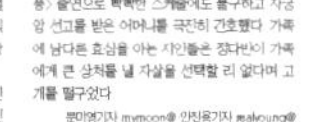

6) 스포츠한국 2007년 2월 12일자 돌출 광고 이미지

7) 파이낸셜뉴스 2006년 4월 10일자 변형 광고 이미지

8) 더데일리포커스 2007년 2월 14일자 센터 스프레드 광고 이미지

출 광고, 그리고 변형 광고로 구분된다. 광고면 광고는 보통 일반 신문 광고 게재면인 신문 하단에 지정된 광고이며, 돌출 광고는 제호 옆이나 밑에 게재되는 광고를 말하고, 신문사마다 날씨 밑·경제면·증권면·일반면 등에 돌출되는 형태로 다양하게 집행되고 있다. 변형 광고로는 가운데 면에 양면으로 집행되는 브릿지 광고, 지면 중앙 하단에서 양면에 걸쳐 진행되는 센터 스프레드 광고, 왼쪽과 오른쪽 지면에 동시에 진행되는 내리닫이 광고, 한 면 모두를 광고 지면으로 사용하는 전면 광고 능이 있다.

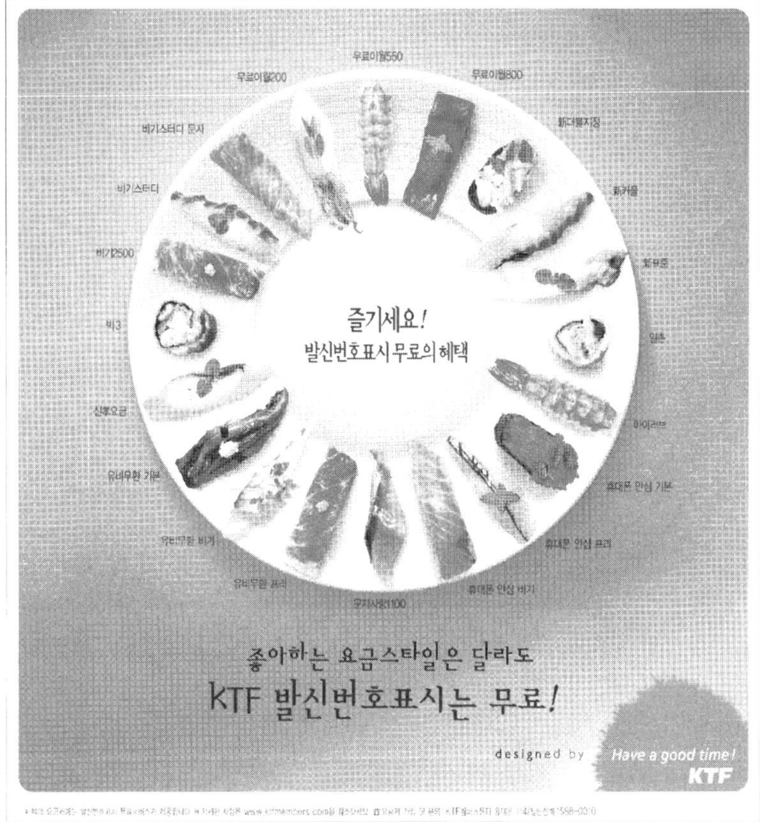

9) 더데일리포커스 2007년 2월 14일자 1면 전면 광고 이미지

3) 신문 광고의 요금 체계

2005년 7월 27일 뉴욕 타임즈에 '독도는 한국땅(Dokdo is Korean Territory)'이라는 광고와 11월 21일 월스트리트 저널에 '동해는 한국땅(EAST SEA — Sea of Korea)'이라는 광고가 차례대로 실려 국내외에서 주목을 받았다. 월스트리트 저널에 실린 광고는 가로 10cm×14cm의 크기였는데, 광고비가 약 1만 달러로 집행되었다고 알려졌다. 신문의 내용도 화제였으나 개인이 유명 신문에 광고를 실었다는 점에서 일반인들의 광고비에 대한 관심이 주목의 대상이었다.

우리나라 신문의 규격은 세로는 '단' 가로는 '센티미터(cm)'로 표현되며, 전체 신문지면의 크기는 표준신문(대판형) 기준으로 세로 15단×가로 37cm로 되어 있다. 신문 광고의 지면 분할은 단과 cm를 기준으로 정해지는데, 세로 1단은 3.4cm이고, 가로는 1cm가 기준이다. 신문에서 찾아볼 수 있는 가장 작은 광고 지면은 가로 1cm, 세로 3.4cm이고, 전체 신문 지면의 크기는 세로 15단, 가로 37cm이다. 단은 일반적으로 5단·7단·8단·10단·15단 식으로 구분되며, 가로는 신문사별로 매우 융통성 있게 운영된다. 광고면에 게재되는 광고의 크기는 광고부와 편집부와의 협의를 통해 보통 각 지면마다 지정된 광고단을 넘어서지 않는 범위 내에서 결정된다.

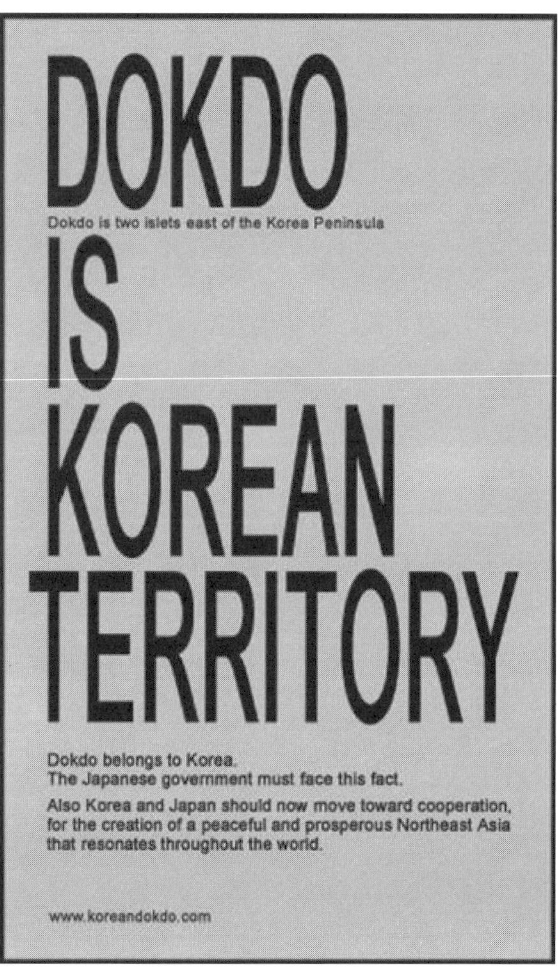

10) 뉴욕타임즈에 게재된 독도 광고 이미지

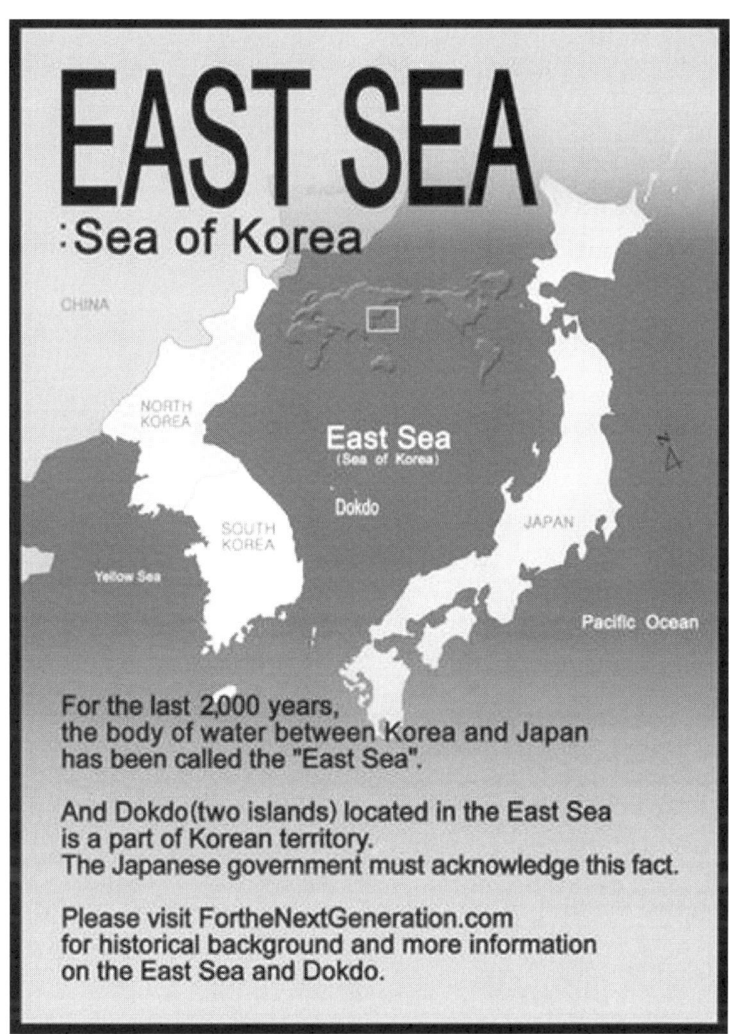

11) 월스트리트저널에 게재된 독도 광고 이미지

　신문 광고의 단가는 '1단×1cm'를 기본 단위로 산정된다. 신문의 단가는 신문의 종류, 광고 게재 위치, 색도 및 광고 종류에 따라 다양하게 책정되어 있다. 신문의 종류별로 볼때 중앙신문이 가장 비싸며, 경제신문·무가지·스포츠신문·지방신문·특수신문 등의 순서로 광고의 단가가 차등하게 적용된다. 광고의 게재 지면으로 보면 1면이 신문 단가가 가장 높고 사회 1면과, 뒷면, 사회 2-3면, 스포츠면 순으로 낮게 책정되어 있다. 그리고 색도에 따라 컬러 광고의 경우 흑백 광고보다 약 1.5배−2배 정도 단가가 높은 편이다. 기타 광고 성격에 따라 성명서·부고·사과문·법정 공고와 같은 특수 광고의 신문 단가가 가장 비싸고, 다음이 일반 광고이며, 영업 광고가 가장 저렴한 편이다.

　신문 광고를 실제 집행한다 가정하고, 광고비를 책정해 보면 쉽게 이해할 수 있다. 조선일보를 기준으로 '1단×1cm' 당 광고비가 가장 비싸다는 1면에 5단×37cm(5단통) 컬러 광고와 가장 저렴한 내지 5단×37cm(5단통) 흑백 광고를 집행한다. 조선일보 1면의 '1단×1cm' 광고비는 33만 원이고, 내지 흑백의 '1단×1cm' 광고비는 7만5천 원이므로, 1면 컬러 광고비는 6천1백5만 원(33만 원×5단×37cm)이고, 내지 흑백 광고비는 1천3백87만5천 원(7만5천 원×5단×37cm)이다.

4) 신문 광고의 특징

신문은 우리나라 4대 매체별 광고 비용 중 가장 높은 비중을 차지하고 있다. 신문 구독자들은 신문을 가장 공정하고, 신뢰할 만하며 유익한 정보를 얻을 수 있는 원천으로 간주하고 있다. 따라서 신문을 읽는다는 것은 일상 생활에서 빠질 수 없는 삶의 일부를 누리고 있다는 말이 된다. 신문은 대단히 넓은 수용자층을 가지고 있다. 4대 중앙 신문의 경우 열독율이 약 20퍼센트에 가까울 정도인데, 이는 TV 인기 프로그램의 시청율과 견주어도 손색이 없는 높은 수치이다. 신문 광고는 다음과 같은 장점을 지니고 있다.

첫째, 신문은 방송매체와 달리 수용자가 정보를 적극적으로 처리한다. 수용자가 메시지의 정보 처리를 스스로 통제할 수 있다.

둘째, 신문은 도달 빈도의 측면에서 매우 효율적인 매체 수단이다. 사람들은 습관적인 신문을 읽는 습성을 가지고 있기에 신문 광고에 게재된 메시지를 반복적으로 노출시킬 수 있다.

세째, 신문의 도달 범위는 비교적 높은 편이다. 가구당 신문 구독률은 기타 인쇄매체에 비해서 높다. 따라서 신문 광고의 도달 범위 역시 높게 나타난다.

넷째, 신문은 대부분 매일 발간된다. 따라서 광고주의 요구에 따른 즉각적인 광고 집행이 가능하다. 단시간 동안 많는 사람들에게 광고 메시지를 제대로 전달시킬 수 있다.

28 한국일보   광고기획   2007년 2월 12일 월요일   20

VISION 2007, New Business Leading Company

국내 청정 신재생 대체에너지 개발 분야 선도 기업

중질유의 완전 연소 실현한 'BLACKfuel30' 개발 성공!
다양한 석유 대체연료 및 신재생 에너지 연구 개발 중!
호주, 중국, 동남아 국가 등에 합작공장 설립 본격화

| (주)골드홈

'BLACKfuel30 성공, 국가 경제 성장의 원동력이 될 것'

'조합원과 경영진이 믿음으로 상생의 길 열어'

전자파가 전혀 없는 '온수보일러 찜질매트' 탄생
| 휴먼스쿨

혼으로 직조하는 전통 한복의 아름다움
| 혜원 한복 연구실

'천마力', 새로운 건강브랜드로 각광받아
| 무주안성 천마작목반

고급 브랜드 옷걸이가 나타났다!
| (주)영진상사

PC 방 창업의 성공 비즈니스모델 제시
| 인라이프

최첨단 의료기 '저출력 레이저' 출시
| (주)쏨레이저

세상만사는 자연의 순리대로 흘러가는 것

'피부이식면역요법', 침 주사 '아큐젝션' 치료법, 천식 및 알레르기 질병퇴치
| 한일(라지)클리닉

복식부기 회계정보시스템 공공부문 리딩기업
| 지에프시스템(주)

12) 한국일보 2007년 2월 12일자 애드버토리얼 광고 이미지

다섯째, 신문 광고의 제약 조건은 다른 매체에 비해 낮은 편이다. 제작이나 집행이 빠른 시간 내에 가능하며, 신문이 제작되기 직전에도 상황에 따라 신문 광고의 지면을 확보하거나 변경할 수 있다.

여섯째, 신문의 광고 수명은 TV나 라디오에 비해 훨씬 길다. 일간신문의 경우 소비자는 오전에 읽었던 신문의 내용이나 광고를 오후나 다음날 다시 볼 수 있다. 따라서 신문 광고는 소비자에게 제품에 대한 자세한 정보를 반복적으로 전달하는 장점이 있다.

그러나 신문 광고의 활용에 있어서 단점도 있다.

첫째, 신문은 특정 타겟에 대한 광고 도달의 선별력이 낮다. 종합신문·경제신문·스포츠신문·IT신문·무료신문 등으로 구분하기도 하지만 특정 타겟을 대상으로 제작되는 TV 프로그램의 선별성에 비하면 약하다.

둘째, 신문 광고는 질적 수준의 광고물을 집행하는 데 부적합하다. 지면에 인쇄된 광고의 질이 잡지에 비해 현저히 떨어지기 때문이다. 컬러 광고가 가능한 지면이 있다고 해도 색상의 선명도를 유지하기가 어렵다.

셋째, 신문 광고는 4대 매체 가운데 광고비가 매우 비싼 편이다. TV 광고와 비교했을 때 4대 일간지의 경우 1면 하단 광고나 전면 광고의 요금이 TV 광고의 SA시급 프로그램 광고에 비해 약 10배 정도 비싸다는 것은 신문 광고 효과에 있어서 비용 대비 비효율성을 보여주는 것이다.

5) 신문 광고의 집행

신문 광고를 집행하고자 할 때에는 기본적으로 신문사별 발행 부수와 광고 단가표에 대한 이해, 그리고 구입 절차와 같은 요소들을 충분히 고려해야 한다.

① 신문의 '발행 부수'는 신문사와 광고주 모두에게 매우 중요하다. 발행 부수가 많고 적음에 따라서 그 신문사의 매체 위력이 결정되며, 이는 곧 광고 요금의 책정에 영향을 미친다. 흔히 판매 부수는 유료 정기 구독 부수와 가판 부수를 합한 것으로 한국 ABC (Audit Bureau of Circulation)에서 정기적으로 추계 공표된 자료에 의해서 검증받는다. 보통 ABC는 정기 구독 부수, 가판 부수, 광고주를 위한 도심별·상권별 그리고 지역별 판매 부수를 보고한다. 그런데 발행 부수 이외에 도달되는 독자는 더 많다. 그것은 지하철에서 일반 신문이나 스포츠 신문을 읽고 짐칸에 올려 놓으면 또 다른 사람이 집어서 보거나, 은행이나 카페, 헤어샵 등에서 신문을 접하는 사람들이 있기 때문이다. 이처럼 독자수는 해당 신문을 읽은 전체 사람의 수를 일컫는 것이다.

② 신문의 '광고 단가표'를 제대로 파악해야 한다. 광고 단가표에는 기본 광고 요금 단가와 함께 할인에 관한 정보, 광고 제작에 대한 구체적인 사항이 제시되어 있어야 한다. 보통 광고 구입을 자주하는 경우에는 광고비를 할인받을 수 있으나 그렇지 않을 경우

에는 정상 요금으로 집행해야 한다. 신문사마다 다르겠으나, 광고 성수기일 경우 광고비 할인 폭은 적으며, 비수기일 경우에는 할인 폭이 크다. 또한 갑작스런 광고 지면의 공백이 생길 경우 그 지면을 구입할 때에도 할인 폭이 크다. 일반적으로 1, 2월과 6, 7, 8, 11월을 비수기라 하고, 3, 4, 5월과 9, 10, 12월을 성수기라 한다.

③ 광고를 구입할 때에는 규정된 '구입 절차'에 따라 진행해야 한다. 일반적으로 광고주나 광고 대행사에서는 광고를 집행할 매체, 게재될 날짜와 지면 위치, 광고 비용 등의 광고 진행의 결정된 사항을 명확하게 매체사에 통보해야 한다. 조간신문의 경우 제작된 신문 광고안을 오후 5시까지는 신문사에 전달해야 하며, 석간신문의 경우 오전 11시까지는 넘겨 주어야 한다. 흑백 광고는 보통 1주일 전에, 컬러 광고는 2주 전에 예약이 완료되어야 하는데 결정 시기가 빨라지면 빨라질수록 원하는 광고 지면을 얻을 수 있다. 매체사는 광고 게재 후에 실제로 광고가 집행된 면을 찢어서 광고주나 광고 대행사에게 보내 광고의 게재를 여부를 증명해야 한다.

2. 잡지 광고(magazine advertising)

잡지 광고는 4대 매체별 광고 금액을 기준으로 우리나라에서 그 선호도가 가장 낮은 매체이다. 인터넷의 증가와 신문 섹션지면의 편집 방향이 잡지화로 인하여 잡지에 대한 수요층이 대거 이탈하였

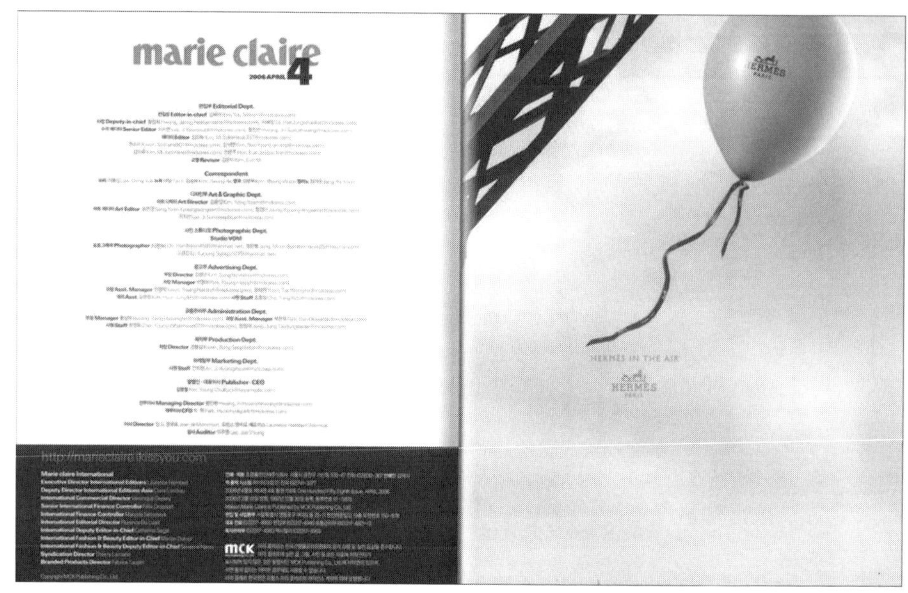

13) 마리끌레르 2006년 4월호

으나, 특화된 주제로 소수의 수용자에게 강한 소구력을 지닌 특성 때문에 아직까지 유용하게 활용되는 매체이다. 국내 잡지 시장은 최근 질적뿐만 아니라 양적으로도 괄목할 만한 성장을 보이고 있다. 잡지는 점차 전문화되면서 경제 · 시사 · 레저 · 여성 생활 · 전문 분야 · 생활 문화 · IT 등을 주분야로 자리매김한 신생 잡지들이 시장에서 성공적으로 기반을 잡아가고 있다. 또한 구독자층의 세분화를 시도하고 있다. 기존의 잡지들은 연령별 · 관심 영역별 · 성별로 차별화된 구독자층의 확보에 주력하고 있으며, 고품격 여성지 및 상위 계층을 겨냥한 잡지도 등장하고 있다.

1) 잡지의 형태

　잡지는 발행 주기, 잡지의 판형, 잡지의 성격에 따라 분류할 수 있다. 잡지는 발행 주기에 따라 주간지·월간지·격월간지·계간지·반연간지·연간지로 구분된다. 또한 잡지는 판형에 따라 4×6판(12.7cm×18.8, 〈샘터〉), 4×6배판, 5×7판(국판, 14.7cm×22.1cm, 〈신동아〉), 5×7배판(국배판, 21cm×29.7cm, 〈씨네21〉), 타블로이드판(27cm×38cm, 〈주간조선〉)으로 대부분의 시사 주간지와 여성지가 이 판형으로 되어 있다.

　잡지는 특화된 주제로 소수의 수용자에게 강한 소구력을 갖는다. 따라서 광고주는 타매체를 대비하여 상대적으로 적은 예산으로 세분화된 독자 시장에 도달할 수 있는 기회를 갖는다. 특히, 대중매체에 의해서 필요나 욕구가 충족되지 않은 집단에 도달할 수 있어서 틈새 시장 공략에 많이 활용된다. 잡지는 요리·문화·패션·건강·자동차·미용과 단장·취업·소비자 교육·연예와 오락·농업과 정원·취미·부동산·인테리어·경제·육아·애완동물·스포츠·여행 등 다양한 분야로 나누어져 있다. 또한 성격에 따라 남성지·여성지·학생지·시사지·일반 교양지·전문지·스포츠지·특수지·IT지 등으로 분류되기도 한다.

2) 잡지 광고의 형태

잡지 광고의 유형은 비교적 간단하다. 기본적으로 잡지의 한쪽 면에만 광고가 나가는 경우 왼쪽면에 게재하는 광고를 좌수 광고, 오른쪽면에 게재하는 광고를 우수 광고로 나눌 수 있다. 광고가 나가는 쪽의 옆쪽에 기사가 나가는 광고를 기사 대면 좌수 광고 또는 기사 대면 우수 광고라고 한다. 그리고 광고가 두쪽으로 이어져 나가는 두쪽 폴더(folder), 그 중 한쪽이 세로로 접히는 두쪽 변형 폴더, 연속되는 여러 쪽에 한 회사의 여러 가지 브랜드를 게재하는 카탈로그형 여러 쪽 광고가 있고, 이들은 보석·의류 및 장신구와 같은 패션 상품에 자주 이용된다. 삽지 광고는 잡지면 사이의 2분의 1쪽 또는 엽서 크기로 끼워 넣는 광고이다. 또한 광고료 이외에 별도로 비용을 부담하면 반쪽 세로 삽지나 반쪽 가로 삽지를 삽입할 수 있고, 광고주의 요청에 따라 한쪽반 폴더나 네쪽 폴더로 별로로 삽입할 수 있다.

김광수(1999)는 잡지 광고를 넘치는 광고, 펼친 광고, 접어 넣는 페이지로 분류하기도 했다. '넘치는 광고(Bleed page)'는 잡지 끝쪽에 하얀 배경색이 4면으로 둘러져 있다. 광고의 배경색이 잡지 끝까지 칠해져 있으며, 광고를 보다 확연히 드러낼 수 있다. '펼친 광고(spread)'는 서로 마주 보는 두 면을 모두 이용한 광고를 말한다. 독자의 주의를 집중시키는 데 효과적이며 웅장한 느낌을 준다. '접

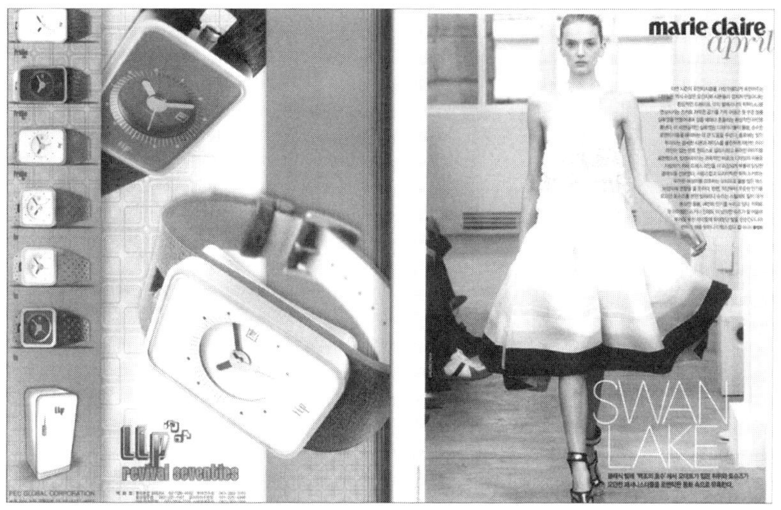

14) 마리끌레르 2006년 4월호 좌수 광고

15) 마리끌레르 2006년 4월호 우수 광고

16) 마리끌레르 2006년 4월호 스프레드 광고

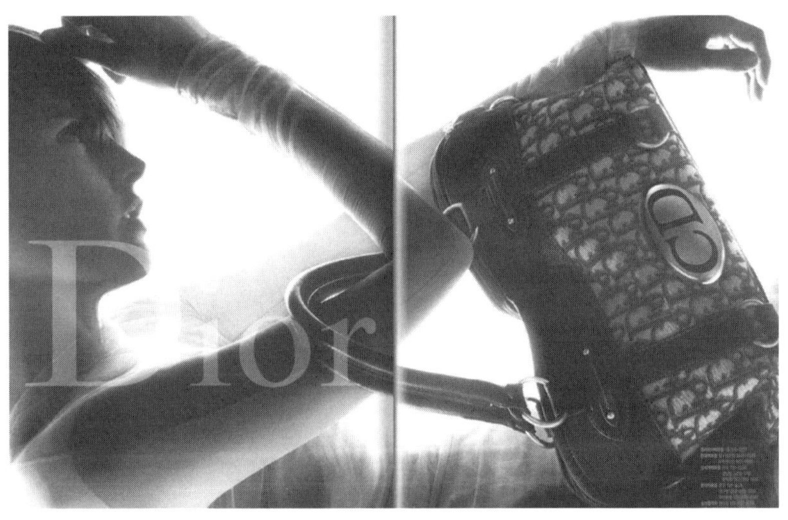

17) 마리끌레르 2006년 4월호 스프레드 광고

어넣는 페이지(gatefold)'는 별도의 페이지를 덧붙혀 접어 넣은 광고를 말한다. 독자가 광고를 보기 위해서 임의로 접어 놓은 페이지를 마치 문을 열듯이 열어야 한다.

이밖에 반쪽 크기의 광고를 한가운데에 싣는 아일랜드 포지션(island position) 광고, 4분의 3쪽 크기의 주니어 페이지(junior page) 광고, 아랫부분의 반만 양면에 걸치는 절반 두쪽 폴더, 한쪽을 4등분하여 좌상과 우하에 광고를 게재하는 체커보드 등 다양한 종류의 잡지 광고가 있다.

3) 잡지 광고의 요금 체계

보통 신문매체의 광고 요금은 면 · 색상 · 광고 내용에 따라 달라진다. 하지만 잡지매체의 광고물은 대부분 컬러이며, 광고 내용과 관계없이 광고물의 게재면에 따라 요금이 차등적으로 적용된다. 잡지 광고의 게재면은 위치에 따라 크게 다섯 가지로 구분될 수 있는데, 표 2면, 표 2대면, 표 3면, 표 4면 그리고 내지이다. 표지면은 앞과 뒤의 겉표지를 말하고, 잡지의 표지 바로 다음 장을 표 2면이라고 하며, 표 2면과 마주 보는 면을 표 2대면, 잡지 맨 마지막 장의 뒤표지면을 표 4면, 뒤표지면의 앞면을 표 3면이라고 한다. 표 2면, 표 2대면, 표 3면, 표 4면을 제외한 광고물 게재면을 내지라고 부른다. 내지도 면 위치에 따라 차등이 주어지는데, 목차를 기준으로 목차 대면 광고, 목차 앞 광고, 목차 후 광고, 판권 대변 광고 등으로 구분된다. 면 위치에 따른 광고에 대한 주목 지수도 달라지는데, 광고 위치별 주목 지수에 따라 광고 요금의 차등이 주어진다.

잡지 광고의 단가가 가장 높은 면은 표지 4면이며, 가장 낮은 면은 내지면이다. 잡지 광고가 게재되는 면의 위치에 따라 광고 단가가 다르게 적용되는 이유는 광고가 게재되는 면에 따라 독자들의 주목 효과가 다르게 나타나기 때문이다. 잡지의 광고 단가는 매체 회사에 의해 자율적으로 결정된다. 잡지 광고의 지면은 1년 단위로 계약하거나 혹은 잡지의 발행 주기에 맞추어 주 단위, 혹은 월 단위별로 융통성 있게 진행할 수 있다. 단 1년 단위 계약이 가능한 광고 면은 모든 면에서 가능하나, 가장 효율이 높은 표지면과 특별면에서는 광고주간의 자리싸움 수주가 치열하다.

4) 잡지 광고의 특징

최근의 마케팅 전략의 흐름은 대중 마케팅에서 표적 마케팅으로 점차 바뀌어 가고 있다. 특정 표적 고객에게 도달되는 메시지 전달의 주요 수단에는 잡지 광고가 제격이다. 잡지 광고는 구독자의 시각적 만족감을 제공하고 정보의 수집이나 오락적 욕구를 충족시키는 데 적절한 매체로 점차 자리잡아 가고 있다. 잡지 광고는 다음과 같은 장점을 지니고 있다.

첫째, 잡지는 동질적인 구독자를 공유한다. 잡지는 다른 매체에 비해 한 가지 이슈에 대해 집중적으로 다루기 때문이다.

둘째, 잡지는 특화된 타겟 광고가 가능하다. 잡지는 지역에 따라 또는 타겟 구독자층에 따라 전문화·세분화가 이루어져 있기 때문에 소비자의 선별성이 매우 높은 편이다.

셋째, 잡지 광고는 시각적인 효과를 증폭시킨다. 또한 광고물 표현에 있어 색상의 선명도와 제작물의 품격을 유지하는 등의 퀄리티를 우선으로 한다.

넷째, 잡지 광고는 위치에 따라 구독자의 주의를 환기시킨다. 광고에 대한 주목률을 높이기 위하여 티저 광고나 팝업 광고 등 다양한 방법의 변형 광고가 가능하다.

다섯째, 잡지 광고는 그 수명이 기타 인쇄매체 광고에 비해 길다. 주간지의 경우 일주일 이상, 월간지의 경우 한 달 이상 장기적으로 지속된다. 구독자는 필요에 따라 광고에 게재된 정보를 언제든지 다시 볼 수 있는 장점이 있다.

그러나 잡지 광고의 이용에는 다음과 같은 단점도 있다.

첫째, 잡지의 도달 범위는 비교적 제한되어 있다. 잡지는 특정 타겟을 대상으로 발행하는 소비자 선별성이 높은 매체이다. 따라서 다른 매체에 비하여 구독자 수가 적어 1인당 메시지 도달 비용이 비교적 높다.

둘째, 잡지는 광고물 경쟁의 장이다. 경쟁 광고물에 많아 소비자에게 기업과 브랜드의 혼잡 현상을 야기시키는 매체이다. 따라서 잡지는 구독자의 시선을 확보하기 위한 보다 장의적인 아이디어가 요구되는 매체이다.

셋째, 잡지는 시의성이 떨어진다. 잡지는 발생 주기가 대부분 주 단위나 월 단위이기 때문에 시급을 요하는 광고주에게는 매력적이지 못한 매체이다. 광고가 잘못 집행될 경우 즉각적인 수정이 어렵고 변경 또한 어렵다.

5) 잡지 광고의 집행

잡지 광고를 집행하고자 할 때에는 기본적으로 배포수, 시간 기획, 도달 기획, 독자에의 영향력 등과 같은 사항들을 고려해서 진행해야 한다.

① 잡지 광고 진행시 가장 우선적으로 고려할 사항은 해당 매체의 배포수이다. 전국적인 잡지인지, 지역적인 잡지인지를 확인하고, 우편이나 인편으로 배달되는지 혹은 뉴스 판매대나 서점 등을 통한 배포수를 가지고 있는지 고려해야 한다. 또한 독자의 품질(quality)에 부응하기 위해서 독자의 평균 수입·나이·성별·신용 상태 등의 데이터 정보를 통한 매체를 결정한다.

② 잡지 광고를 진행할 때에는 표지일·판매일·마감일에 유의해야 한다. 표지일은 잡지 표지에 인쇄되는 날짜를 말하며, 판매일은 서점에서 잡지가 판매되는 날짜로 보통 표지일보다 앞선다. 광고 담당자와 기획자가 가장 신경써야 할 날짜는 바로 마감일이다. 광고를 게재하기 위해서 잡지 광고안을 제출해야 하는 날이기 때문

이다. 특히 좋은 게재면은 장기간 계약되는 경우가 많으므로 면을 확보하기가 쉽지 않다. 따라서 연말에 익년도 연간 광고 계약시 집행 회수나 기타 조건을 통해 광고면을 약속받는 것이 좋다. 월간지의 경우 통상적으로 2-3개월 리드타임(lead time)이 필요하니 광고 게재에 있어 시간 계산을 철저히 해야 한다.

③ 잡지 광고는 매체 부수에 따른 신뢰성을 바탕으로 도달될 독자의 수와 성격을 고려해야 한다. 잡지 광고의 경우 1차 독자수와 2차 독자수로 구분하는데, 1차 독자수(primary readership)는 말 그대로 실제 잡지를 구독하는 사람들을 칭하며, 2차 독자수(secondary readership)는 회람 독자로서 잡지를 구입하는 사람들이 아니라 은행이나 병원, 헤어샵 등과 같은 장소에 비치되어 있는 잡지를 읽는 독자층을 말한다.

④ 잡지는 발행 부수나 독자수가 많다고 좋은 것은 아니다. 잡지는 어느 매체보다 어떤 독자가 해당 매체의 주된 수용자인지를 정확히 판별해야 한다. 매체를 접하는 독자도 어떤 독자를 확보하고 있는가를 통해 타겟별 광고 도달율을 높여야 한다. 한국 최초의 명품지로서 명품지 분야에서 그 위치를 굳건하게 지키고 있는 노블레스(Nobless)가 바로 그러하다.

⑤ 기사 같은 광고를 활용하여 독자들에게 신뢰도를 높이는 것이다. 특집호라든지, 제품의 기념일을 활용하여 해당 제품만의 광고를 잡지사에서 취재하는 방식으로 똑같이 만들어 광고하는 것이다. 광고주의 입장에서는 상업 광고의 이미지를 벗어나 독자에게 한 걸

음 더 소구할 수 있는 방법이기 때문에 매력적이다.

기본적으로 잡지는 기사 내용에 비해 광고 물량이 많아서 독자들의 시선을 끌기가 어렵다. 따라서 광고 기획자나 광고 제작자는 인쇄 광고의 여러 제작 방식을 접목하고 새로운 제작 방식을 시도하여 독자들의 시선을 고정시킬 수 있는 매력적인 광고물을 만들어야 한다.

광고 이미지 출처

1) 조선일보 2007년 2월 2일자.
2) 현택수, 홍장선(2006), 자료모음집 발췌.
3) 르노 삼성 홈페이지 – http://www.renaultsamsungm.com
4) 조선일보 2007년 2월 14일자.
5) 서울경제 2007년 2월 9일자.
6) 스포츠한국 2007년 2월 12일자.
7) 파이낸셜뉴스 2006년 4월 10일자.
8) 더데일리포커스 2007년 2월 14일자.
9) 더데일리포커스 2007년 2월 14일자.
10) 뉴욕타임즈에 실린 독도 광고 이미지
    http://blog.daum.net/rpsmuhsxc/4250807?popQuery=n&nil_profile=tot
11) 월스트리트 저널에 실린 독도 광고 이미지
    http://blog.naver.com/dio610?Redirect=Log&logNo=140019781453
12) 한국일보 2007년 2월 12일자.
13), 14), 15), 16), 17) MCK 마리끌레르 2006년 4월자.

참고 문헌

강상현 · 채백 엮음(2002), 《대중매체의 이해와 활용》, 서울: 한나래.
김광수(1999), 《광고학》, 서울: 한나래.
안광호 · 이유재 · 유창조(2004), 《광고관리》, 서울: 법문사.
양영종 · 김상훈 · 정걸진(2002), 《디지털시대 광고론》, 서울: 형설출판사.
이종호(1996), 《광고론》, 서울: 경문사.
이두희(1997), 《광고론》, 서울: 박영사.
장대련 · 한민희(2000), 《광고론》, 서울: 학현사.
정어지루(2000), 《순애드버타이징》, 서울: 형설출판사.
정어지루(2006), 《新광고학》, 서울: 형설출판사.

제7장
광고의 실제 2 — 방송 광고

방송매체 광고

전자통신 기술의 발전으로 영상과 음향을 시청자들에게 전달해 주는 매체로서 그 영향력이 매우 직접적인 방송매체는 TV와 라디오 같은 전파매체이다.

우리나라 방송매체는 KBS · MBC · SBS · EBS의 중앙방송과 민영방송 · 종교방송으로 구성되어 있다. 이들 방송매체들은 방송사별 자체 조직 네트워크를 통해 전파를 내보내고 있는데, KBS는 직할 방송국 체제로, MBC는 계열사 방송사 체제로, SBS는 지방 지역 민영방송사와 협력 형태로 운영을 하고 있다. 각 방송사들은 방송 광고를 중앙 광고와 지방 광고로 나누고, 전국 단위로 방영되는 광고와 지역별 지방 개별 광고를 요일과 시간에 따라 구분하여 내보낸다. 일반적으로 방송매체 광고는 TV 광고를 메인 광고로 집행하며, 라디오를 서브매체로 진행하지만 제품의 성격에 따라서 라디오를 메인 광고로 활용하기도 한다.

1. TV 광고(Television advertising)

TV 광고는 4대 매체별 광고료 기준을 비교하여 볼 때 가장 영향력이 있는 매체이다. 최근 케이블 TV(CATV)와 인터넷 광고, 위성 TV, DMB 등 뉴미디어의 성장세로 인해 지상파 TV 광고의 영향력이 조금씩 하향하고 있으나, 아직까지 전통적인 메인 광고로서의 위용을 지니고 있다. TV 광고는 광고의 효용성과 영향력에 있어서 타 매체를 능가하고 있다. 흔히 20초 안의 예술로서 불려지는 TV 광고는 시청각적 동시 표현으로서 시청자에게 직접적인 영향을 미친다.

1) SK텔레콤의 현대생활백서 광고 이미지

1) TV 광고의 형태

국내 TV 프로그램은 주간 단위로 편성되는데, 이는 다시 주중과 주말로 구분된다. 광고주가 반영할 수 있는 TV 프로그램과 관련된 광고의 종류는 다음과 같다.

① 프로그램(program) 광고

가장 일반적인 광고 형태로서 광고주가 프로그램의 스폰서로 참여하여 프로그램 방송사이에 광고하는 것을 말한다. 프로그램 시작과 종료에 따라 전 CM, 후 CM으로 구분된다. 프로그램 광고는 토막 광고와 다르게 방송 권역별 광고 방영이 허용되지 않는다. 우리나라는 방송법상 지상파 프로그램 방송 도중에 중간 광고를 할 수 없다. 따라서 프로그램이 시작된 직후와 프로그램 엔딩자막이 나간 직후에 광고가 방송된다. 프로그램 광고는 해당 프로그램 시간의 1백분의 10 이내에서만 광고 방송이 허용된다. 예를 들어 1시간 동안 방송되는 프로그램의 경우 3천6백 초의 10퍼센트인 3백60초만 광고가 진행된다.

② 토막(spot) 광고

SB(Station Break)라고도 불리는 토막 광고는 방송 프로그램과 프로그램 사이에 방영하는 광고를 말한다. 20초와 30초짜리 광고 모두가 방영 가능하다. 토막 광고는 매 시간당 2회를 넘을 수 없으며, 1회당 1분 30초 이내, 4건의 광고만 허용된다. 따라서 보통 30초 광고 한 개와 20초 광고 세 개를 방송하는 형식을 취한다. 또한 프로그램 광고와는 다르게 방송 권역별로 제한하여 집행할 수 있도 있다.

③ 자막 광고

곧이어 광고나 ID 광고로 불리는 광고로 방송 순서 고지시나 방송국 명칭 고지시 방영되는 광고이다. 방송국 이름 고지나 방송 순서 고지 시간대에 화면 하단에 화면의 4분의 1에 해당하는 크기로 10초 정도 방영된다. 자막 광고는 광고비와 제작비가 저렴해서 중소 광고주가 많이 이용하고 있다.

④ 시보 광고

시보 광고는 방송 시간 고지를 활용하여 방영하는 광고이다. 시간을 알리는 화면을 내보내면서 시계 하단에 광고주명을 나타내는 방식이다. 최근에는 광고주가 기존의 광고 화면을 활용하여 재치있고 활기찬 내용으로 편집 구성된 시보 광고들을 선보이고 있다.

⑤ 연간 스포츠 광고

연간으로 편성된 스포츠 중계에 집행되는 광고이다. 스포츠 특집 광고에서는 광고주가 일정 광고비를 지불하고 대부분의 스포츠 중계에 번갈아가며 광고를 방영한다. 프로야구 · 프로농구 · 프로축

구·프로배구와 같이 연간 단위로 편성된 스포츠 프로그램에 방영
되는 광고가 스포츠 특집 광고이다.

⑥ 협찬 광고

상업성이 배제된 광고로서 프로그램 진행을 위해 협찬해 준 협찬
회사의 회사명만을 밝혀 주는 광고이다. 일반적인 형태로 '도움을
주신 분들은 A회사이다' 라는 내레이션이나 자막 고지로 표현된다.

⑦ 특집 광고

TV 프로그램 중 정규 프로그램이 아닌 비정규 프로그램으로 편
성된 특집 프로그램에 방영하는 광고이다. 특집이 편성될 때마다
별도로 스폰서가 모집된다. 일반적으로 명절이나 공휴일 특집 프
로그램과, 해당 방송사 창사 기념 특집 프로그램, 올림픽과 월드컵
같은 특집 스포츠 프로그램이 그 예들이다.

2) TV 광고의 요금 체계

광고 요금의 책정, 판매 등 TV 광고와 관련된 모든 업무는 한국
방송광고공사(KOBACO)에서 담당한다. 과거 TV 광고 판매제도의
특징은 고정 단가제와 지정 판매제 형태이다. 이는 모든 프로그램
들이 지정되어 판매되고 시간대별로 요금이 고정되는 형식으로서
방송 광고의 수요와 공급 원리의 적용을 원천적으로 봉쇄하는 비탄

력적인 요금 구조이다. 이런 문제점을 보완하기 위하여 한국방송광고공사는 GS(Global Standard)제도를 도입하여 TV 광고 요금의 판매 방식을 탄력적인 형태로 바꾸었다.

TV 광고의 기준 요금은 연 2회에 걸쳐 산정되는데, 광고주 선호도·수급 상황·광고 길이·시청률 등이 종합적으로 반영된다. 실제 방영 요금은 광고 구매량과 구매 조건, 시장 상황을 감안한 변동 요금 등의 협상 요인이 충분하게 반영되어 산정된다.

① TV 광고 판매 방식

안광호(2004)는 TV 광고 판매를 정기물 판매·장기 판매·선매제·CM 순서 지정 판매 및 일시 할인 판매제 등의 판매 방식으로 구분한다. 정기물 판매는 3개월을 기준으로 청약하는 광고 판매 방식이다. 매월 일정량의 광고 물량을 사전에 제시된 판매 기준에 의거해서 판매하는 형태이다. 장기 판매(Upfront) 방식은 연간 일정 금액 이상의 광고비를 집행하는 광고주를 대상으로 6개월간 변동 요금이 적용되지 않고 기준 요금이 적용되는 광고 판매 방식이다. 구매자가 연간 매체 계획을 수립하여 사전에 필요한 광고 시간을 구매함으로써 구매 효율화를 기할 수 있다. 선매제(Preemption)는 특정 프로그램에 광고를 우선 지정할 수 있는 제도로 광고 단가에 프리미엄을 끼워 판매하는 방식이다. 방송국이 몇몇 프로그램을 선매제 대상으로 선정하여 기준 요금보다 할인된 가격으로 광고를 판매한다. 그후 방송 개시 1주일 전까지 정상가 또는 선매된 광고주보다 높은 조건의 요금을 제시하는 광고주가 있을 경우 그 광고가 다른 시간대로 이동되거나 불방되는 것을 조건으로 한다. CM 순서 지정 판매제는 광고주가 원하는 프로그램의 광고에 순서까지 정하여 방영하는 광고 판매 방식이다. 광고주가 추가적으로 비용을 부담(기준가 대비 보통 10-15퍼센트선, 최근에는 30퍼센트)하고 직접 특정 CM 순서를 지정하는 제도이다. 일시 할인 판매제(ROS: Run of Schedule)는 판매자가 정하는 광고 스케줄에 따라 할인된 가격으로 광고하는 것을 말한다. 광고 집행 기간 동안 방송 광고의 횟수나 전체 광고 예산 등 일반적인 조건만을 사전 협의하여 진행한다.

이밖에 한국방송광고공사에서 옵션 형식으로 비인기 프로그램을 판매하는 방식이 있다. 시청율이 높은 SA급 프로그램에 팔리지 않는 C급 프로그램물 광고나 라디오 혹은 지역 민방 프로그램을 옵션으로 묶어 패키지 상품으로 판매하는 것이다. 현재 SA급 프로그램의 거의 대부분이 옵션 패키지로 묶여 판매되고 있다.

② TV 광고의 시급 체계

TV 방송 광고 시급은 시청율에 따른 요일별·시간별 광고비의 구분이다. 이는 시청자가 즐겨 시청하는 방송 시간순으로 등급을 정한 것으로 광고 요금 책정의 주요 기준이다. TV 광고의 시급에는 SA, A, B, C 네 종류가 있다. SA급이 가장 비싸고, C급이 가장 저렴하다. 광고 시급은 주중 평일과 토요일, 일요일에 따라 각각 다르다.

요일별 기준 시급을 살펴보자면, 평일의 경우 SA급은 20시-23시 사이, A급은 8시 30분-9시 30분, 19시-20시, 23시-24시 사이, B급은 7시-8시 30분, 9시 30분-12시, 17시-19시, 24시-24시 30분이며, 나머지 시급은 모두 C이다.

토요일의 경우, SA급은 19-23시이고, A급은 8시 30분-9시 30분, 23시-24시 사이, B급은 7시-8시 30분, 9시 30분-19시, 24시-24시 30분이며, 나머지 시급은 모두 C이다. 일요일의 경우 SA급은 19시-23시 30분이고, A급은 9시 30분-19시, 23시 30분-24시 사이, B급은 7시-9시 30분, 24시-24시 30분이며, 나머지 시급은 모두 C이다.

쉽게 생각하자면 보통 시청율이 가장 높은 때인 월화 저녁 드라마 시간대, 수목 저녁 드라마 시간대, 주말 저녁 프로그램 시간대의 황금시간대가 SA급이라고 보면 된다.

3) TV 광고의 특징

TV는 가장 대중적인 매체이다. 모든 연령대의 사람들이 언제든지 TV를 시청하고 있기 때문이다. TV 광고는 이렇게 다양한 사람이 시청하고 있어 불특정 다수에게 메시지를 보낼 경우 매우 효과적이다. KBS · MBC · SBS 등 전국권 방송국이 대부분의 광고를 차지하고 있으며, 지역 민방의 경우 성장세를 보이고 있지만 광고의 부족으로 경영상의 어려움을 겪고 있다. TV 광고는 다음과 같은 장점을 가지고 있다.

첫째, TV는 도달 빈도의 측면에서 매우 효율적인 매체 수단이다. 사람들은 습관적으로 TV를 보는 습성을 가지고 있기 때문에 접촉 빈도가 매우 높다. 메시지가 반복적이고 주기적으로 전달된다.

둘째, TV는 도달 범위의 측면에서 비교적 효율적인 매체 수단이다. 거의 모든 가정에 TV가 보급되어 있기 때문이다. 또한 1인당 광고 도달 비용이 비교적 낮다.

셋째, TV 광고는 시청각적 요소를 모두 활용한다. 라디오는 청각적 요소, 신문이나 잡지는 시각적 요소를 활용하는 반면에 TV는 이들 모두를 활용하기에 메시지 설득이 타매체보다 용이하다.

넷째, TV는 선별성이 높다. 광고주 입장에서는 타겟 소비자에게 적합한 프로그램을 선정하여 광고의 효과를 크게 얻을 수 있다. 최근에는 TV 프로그램의 시청율이 성별 · 연령별 · 직업별 · 소득별 등으로 다양하게 구분하여 조사되기에 타겟 시장에 대한 선별성이 더욱 좋아지고 있다.

다섯째, TV는 소비자 심성을 자극시킬 수 있다. 시청각적인 영상미를 활용한 감성적인 광고를 통해 소비자의 심성을 자극시켜 심리와 감성을 호소하는 메시지를 전달하는 데 좋다.

그러나 TV 광고의 이용에는 다음과 같은 단점이 있다.

첫째, TV 광고는 메시지의 길이가 짧다. 15초에서 30초에 이르는 짧은 기간 동안 소비자가 이해할 수 있노록 메시시 선닐을 완료

해야 한다.

둘째, TV 광고는 광고물 경쟁의 장이다. 경쟁 광고물이 많아 소비자에게 기업과 브랜드의 혼잡 현상을 야기시키는 매체이다. 또한 채널이 많기에 광고에 대한 시선 유지가 어렵다.

셋째, TV 광고는 타매체에 비해 매체 집행 비용이 높다. 광고 제작 비용이 4대 매체 중 가장 비싸며, 광고료도 매우 비싼 편이다.

넷째, TV 광고는 규제가 심하다. 모델의 의상 노출에 제한이 있고, 비교 광고나 비방 광고도 어렵다. 담배나 주류 관련 광고는 금지되거나 저녁 시간대에만 허용된다.

4) TV 광고의 집행

TV 광고를 집행하고자 할 때는 시청자 수를 파악하고 한국방송공사의 광고판매권 현황과 TV 연중 스케줄을 수시로 체크해야 한다.

① TV 광고에서 우선적으로 고려해야 할 사항은 바로 시청자의 실태 파악이다. 공중파 방송의 경우 시간대마다 광고 단가가 정해져 있으나 각각의 프로그램은 저마다 다른 시청률을 보인다. 그래서 광고주는 프로그램별로 시청자 프로파일을 분석하여 효율적인 광고 집행을 위한 프로그램을 선정한다. 일반적으로 인기 있는 드라마의 경우 40-50퍼센트 사이의 시청률을, 프라임 시간대의 뉴스는 10-24퍼센트의 시청률을 보인다. 주의해야 할 점은 SA 시급

대 프로그램이 시청률을 보장하지는 않는다는 점이다. 즉 광고 단가가 높다고 해서 시청률이 높은 것이 아니기에 사전 시청자 분석을 확실히 해야 한다.

② TV 광고 중 공중파 TV 광고를 집행 위해서는 한국방송광고공사를 통해서 프로그램 광고를 구입해야 한다. 이는 한국방송공사가 미디어 랩 기능을 하고 있기 때문인데, 대부분의 방송 광고는 1개월 이상이 방영되도록 계약한다.

③ 효과적인 TV 광고를 위해서는 방송국의 연중 스케줄을 눈여겨 볼 필요가 있다. TV 방송 프로그램은 일반적으로 4월과 10월에 개편된다. 따라서 광고 집행을 계획할 때에는 이러한 방송국 사정도 고려하여 좀더 효과적인 광고 효율을 얻을 수 있도록 주의해야한다. 또한 특집 프로그램이나 기획 프로그램, 신규 드라마 스케줄 등을 수시로 확인하여 광고 집행에 참고하는 것도 좋다.

5) CATV

우리나라 방송 산업은 1995년 3월 케이블 TV가 개국되면서 본격적으로 다채널 방송 구조로 전환되었다. 공중파 TV 위주의 방송 환경이 다채널 방송 환경으로 변화된 것이다. 안광호(2004)에 따르면 국내 케이블 TV 규모는 도입된 지 8년 만에 전체 가구의 62.5퍼센트가 케이블 TV를 시청하고 있고, 이후 80퍼센트에 육박할 정도로 케이블 TV의 영향력이 급성장세를 보이고 있다.

2) 올림푸스 뮤 광고 이미지

① 케이블 TV의 특징

케이블 TV는 다채널 기능을 수행한다. 현재 공중파 TV가 여섯 개(KBS-1TV · KBS-2TV · MBC · SBS · EBS · AFKN)의 채널을 갖고 있는 반면, 케이블 TV는 약 여든 개의 채널을 가지고 있으며, 앞으로도 채널 수는 더욱 들어날 것으로 예상된다. 프로그램 편성에 있어서 공중파 TV가 불특정 다수를 대상으로 종합적인 프로그램을 편성하고 있지만, 케이블 TV의 경우 세분화된 시청자를 대상으로 전문적인 프로그램을 편성한다. 이는 케이블 TV 시청자에게 자유롭게 다양한 채널의 선택 기회를 제공하고 있다는 것이다. 또한 채널별로 차이가 있지만 케이블 TV는 종일 방송을 원칙으로 하고 있으며, 공중파 TV보다 다채로운 쌍방향 서비스를 제공한다.

② 케이블 TV 광고의 특징

케이블 TV의 광고 특징은 다음과 같다.

첫째, 케이블 TV는 선별성이 높다. 케이블 TV는 다채널 환경에서 출발하였기 때문에 여러 프로그램들의 경쟁이 치열하다. 따라서 각각의 프로그램은 강력한 선별성을 바탕으로 특정 시청자를 대상으로 정보를 제공하거나 메시지를 전한다.

둘째, 케이블 TV는 중간 광고를 허용한다. TV 광고와는 다르게 중간 광고가 가능하기에 광고의 효용성을 높이고 소비자 도달을 용이하게 한다.

셋째, 케이블 TV 광고는 방영 시간이 자유롭다. TV 광고의 경우 15초, 20초, 30초인 반면, 케이블 TV 광고는 TV 광고 시간뿐만 아니라 60초, 120초, 180초 등 다양한 소재를 편성하여 보다 자세한 제품 정보를 전달할 수 있다.

넷째, 케이블 TV 광고는 매체 제약 조건이 비교적 좋다. TV 광고 소재를 사용할 수 있어서 제작비를 절감시킬 수 있고, TV 광고비에 비해서 광고비가 매우 저렴하다. 연속 광고나 변형 광고 등 다양한 종류의 광고 편성이 가능하다.

③ 케이블 TV 광고의 요금 체계

케이블 TV 광고의 판매 방식은 일정 기간 단위 판매 방식과 가로

띠 판매 방식 등 공중파 TV나 라디오 같은 방송매체의 방식을 따른다. 하지만 케이블 TV 광고에서는 대부분의 프로그램 공급사(program provider: PP)들이 할인 방식 대신에 보너스제를 도입하고 있다. 케이블 TV 광고는 PP사를 중심으로 스폰서쉽 형태의 광고 영업이 진행되기도 한다. 변칙적인 운영 방법이기는 하지만 PP사 입장에서는 제작 비용을 줄이고 프로그램 제작의 질을 높일 수 있다는 데 긍정적이다. 광고주도 케이블 프로그램 제작에 직접 참여함으로써 프로그램과 제품의 유기적 연결성을 통한 제품력 향상을 유도할 수 있기에 종종 활용하기도 한다.

2. 라디오 광고(Radio advertising)

1) 라디오의 형태

라디오는 AM과 FM으로 구분할 수 있다. AM은 넓은 가청 범위와 높은 출력을 강점으로 하지만 음질이 떨어지며, FM은 가청 범위가 제한적이기는 하지만, 양질의 음질과 음향을 제공한다. 국내는 KBS(1라디오 AM, 2라디오 AM, 1FM, 2FM)·MBC(AM, FM)·SBS FM의 일반 라디오 방송국이 있으며, 교통방송·교육방송·기독교방송·평화방송 등의 특수 방송사들이 있다.

라디오 방송은 하루 1,500분 중 1,300분을 방송한다. 두 시간 정도를 제외하고는 청취자들에게 지속적인 접촉이 이루어지는 매체이다. 라디오는 청취자들의 입장에 따라서 대중매체라기보다는 개인 생활의 일부가 될 수 있는 매체이다. 또한 라디오 방송은 다른 매체에 비해 가장 장시간에 걸쳐 청취자들과 주기적인 관계를 맺는 매체이다. 라디오는 TV와 같이 공중파 프로그램이기 때문에 프로그램의 경우 TV와 같이 주간 단위로 편성된다.

2) 라디오 광고의 형태

라디오 광고는 전체 라디오 광고비에서 광고의 점유율이 높은 방송국이 있는가 하면, 매우 낮은 방송국도 있다. 즉 라디오 방송국마다 매체 영향력에 차등이 있다는 것이다. 라디오 광고는 식품·음료·전자·금융·보험 등의 업종이 주요 광고주를 이루고 있다. 라디오 광고는 TV 광고와 유사하여 그 종류도 동일하다. 일반적으로 프로그램 광고·토막 광고·시보 광고로 나누어진다. 다만 TV 광고와는 달리 프로그램 광고의 경우 40초, 60초, 80초 및 120초의 다양한 광고 편성이 가능한 점에서 차이가 있다.

3) 라디오 광고의 요금 체계

라디오는 TV와 같이 공중파 매체이기 때문에 TV 광고처럼 한국방송광고공사를 통해 광고가 판매되고 집행된다. 라디오 광고는 TV

광고와 마찬가지로 탄력적인 판매제도가 적용되고 있다. 청취자가 즐겨 청취하는 시간순으로 등급을 정하여 광고 요금을 책정한다.

라디오광고는 A, B, C 세 종류의 시급으로 구분되며, 평일과 주말 구분없이 단일 형태로 운영된다. 일반적으로 A급은 7시-16시, 18시-21시이며, B급은 6시-7시, 16시-18시, 21시-24시, 나머지는 C급이다. 출퇴근 시간이나 손석희의 〈시선집중〉, 최유라의 〈지금은 라디오시대〉 등과 같은 유명 프로그램의 경우가 A급에 속한다. 토막 광고와 시보 광고는 시급에 따라 요금이 다르며, 프로그램 광고 요금의 경우 전파료와 제작비를 합쳐 책정한다.

4) 라디오 광고의 특징

최초의 방송매체인 라디오는 그동안 TV와의 경쟁에서 항상 열세를 보였다. 설상가상으로 최근에는 인터넷 방송의 증가로 인해 라디오 방송의 무용론까지 거론되기도 하였으나, 타겟 시장별, 프로그램 내용별 등 나름대로의 생존 방식을 개발하여 점차 그 활력을 되찾아가고 있다. 개인들의 차량 소유율이 증가함에 따라 청취자들이 차 안에서 많은 시간을 소비하고, 고정적인 시간에 라디오를 청취하는 경향을 보이고 있기 때문이다.

라디오 광고는 다음과 같은 장점을 가지고 있다.

첫째, 라디오는 타겟 소비자에 대한 선별성이 강하다. 또한 프로그램별로 청취자가 차별화되어 있어서 특정 소비자층을 타겟으로 하는 광고의 집행이 가능하다.

둘째, 라디오는 동질적인 청취자를 공유한다. 청취자들은 프로그램을 통해 자신들만의 공유 세계를 구상한다. 다른 매체에 비해 특정 이슈에 대해 집중적으로 다루기 때문이다.

셋째, 라디오 광고는 기동력이 뛰어난 매체다. 광고의 제작 기간이 짧고, 신규 소재로의 교체가 쉬워 매체 특유의 기동력을 살릴 수 있다.

넷째, 라디오 광고는 매체 제약 조건이 매우 효율적이다. 광고 제작 비용이 4대 매체 중 가장 저렴한 편이며, 광고료도 매우 낮다.

다섯째, 라디오 광고는 TV 광고와 연계하여 브랜드 이미지를 증폭시킬 수 있다. TV 광고에 사용된 CM송이나 청각적 요소를 라디오 광고에 사용하여 광고 효과를 극대화한다.

그러나 라디오 광고의 이용에는 다음과 같은 단점이 있다.

첫째, 라디오는 매체 도달률이 낮다. 제한된 청취자 집단에게 노출되기에 4대 매체 가운데 매체 접촉율이 가장 약하다. 여기에 새로운 매체 환경은 라디오의 효용성을 더욱 악화시키고 있다.

둘째, 라디오 광고는 집중도가 낮다. 라디오를 시청하는 청취자들의 일반적인 행태는 다른 일을 하면서 청취하는 경향이 높기 때문이다.

셋째, 라디오 광고는 청각에만 의존되는 한계를 가진다. 아이디어 표현에 있어서 청각만을 고려해야 하는 제한을 가지며, 광고에 대한 청취자의 인지 형성에도 큰 영향을 끼치지 못한다.

5) 라디오 광고의 집행

라디오 광고를 집행하고자 할 때는 먼저 청취자를 파악하고, 라디오 방송국의 특성을 체크해야 한다.

첫째, 청취자의 파악은 곧바로 광고 효과와 직결된다. 라디오 청취율 조사 기관의 자료를 통하여 광고 진행 프로그램을 정한다. 일반적으로 조사는 평균 15분 청취자를 샘플로 하여, 15분당 5분 이상을 청취한 사람들의 평균 수치를 산출하여 AQHP(average quarter-hour persons)를 구한다. 이는 해당 지역의 인구 대비 백분율을 나타낸 것인데 TV의 시청률과 같은 의미를 지닌다.

둘째, 라디오 매체가 목표 시장에 얼마나 도달하는지를 알려 주는 도달 청취자를 확인하는 것이다. 이는 특정 시간대 동안에 5분 이상 한 방송을 들었던 사람들의 숫자를 의미하는데, 도달 청취자를 해당 지역의 인구 대비 백분율로 나타내면 도달 청취율이 나온다.

셋째, 라디오 방송국의 특성을 체크한다. 종교방송인지, 교통방송인지, 교육방송인지 각각의 특성을 살피고, 해당 프로그램의 내용이 음악 중심인지, 토론 중심인지 등의 성격도 파악해야 한다. 또한 목표 시장이 청취자 가운데 몇 퍼센트나 점하는지, 언제 가장 많이 듣는지도 파악해야 한다. 그후 한국방송광고공사를 통해 광고 구입이 가능한 시간대와 형태를 체크하여 진행하면 된다.

광고 이미지 출처

1) SK텔레콤 홈페이지 http://www.sktelecom.com
2) 올림푸스 홈페이지 http://www.olympus.co.kr

참고 문헌

강상편 · 채백 엮음(2002), 《대중매체의 이해와 활용》, 서울: 한나래.
김광수(1992), '케이블 TV와 광고: 기획와 위협의 분석,' 〈종합유선방송위원회보〉.
김광수(1999), 《광고학》, 서울: 한나래.
안광호 · 이유재, 유창조(2004), 《광고관리》, 서울: 법문사.
안광고 · 유창조 공저(1998), 《광고원론》, 서울: 법문사.
양영종 · 김상훈 · 정걸진(2002), 《디지털시대 광고론》, 서울: 형설출판사.
이종호(1996), 《광고론》, 서울: 경문사.
이두희(1997), 《광고론》, 서울: 박영사.
장대련, 한민희(2000), 《광고론》, 서울: 학현사.
정어지루(2000), 《순애드버타이징》, 서울: 형설출판사.
정어지루(2006), 《新광고학》, 서울: 형설출판사.

제8장
광고의 실제 3 — 뉴미디어, 옥외 광고

1. 옥외 광고

옥외 광고는 인간이 개발한 광고 중 가장 오래된 광고이다. 고대 바빌론인과 이집트인들은 사원이나 무덤 벽에 왕들의 이름과 업적을 기록하거나 오벨리스크와 같은 상징물을 세웠다. 이처럼 표식이나 표기를 위해서 사용된 옥외 광고는 수세기에 걸쳐 사용되어 왔으며, 지금도 널리 사용되고 있는 광고이다.

정어지루(2006)는 옥외 광고를 "일정한 공간을 점거하여 불특정 다수인에게 시각적인 자극을 주는 정지 광고(position advertising)의 하나로서 점포사인·노변포스터·고속도로변 빌보드·광고탑·네온사인·옥상 간판·전주 간판·벽면 광고·현수막 광고·전광판 광고·광고기루를 이용한 광고물 등을 지칭한다"라고 설명했다.

1993년에 개정된 옥외 광고물 등 관리법 시행령에는 "옥외 광고물이라 함은 상시 또는 일정 기간 계속해서 공중이 자유로이 통행

1) 소니의 **PSP** 옥외 광고 이미지

할 수 있는 장소에서 볼 수 있는 것으로서 간판·입간판·현수막·
벽보·전단 기타 이와 유사한 것을 말한다"라고 규정하고 있다. 대
중에게 시각적 메시지를 광범위하게 전달할 수 있는 옥외 광고는
24시간, 365일 내내 고정된 장소에서 광고물의 게재가 가능하다.
따라서 옥외 광고는 광고가 설치되는 장소에 따라서 광고 주목률이
매우 높은 매체이다.

1) 옥외 광고의 형태

옥외 광고는 TV 광고나 신문 광고 같이 미디어 매체를 활용하여 집 안이나 사무실 같은 공간에서 접하는 형태의 광고가 아니다. 이 형태의 광고는 집이나 사무실 등의 공간을 벗어나 길거리 같은 일반 장소에서 목표 시장에게 광고를 노출시킨다. 그리고 옥외 광고는 대중이 쉽게 접할 수 있는 공개적인 장소에 설치되기에 건물이나 도로의 주변 경관을 해치지 않는 선에서 사회규범을 유지시키는 내용물로 제작된다.

옥외 광고는 형태별로 직사각형 간판·타원형 간판·원형 간판·구형 간판 등으로 분류되며, 소재별로는 네온 간판·아크릴 간판·문자 간판 등으로 분류된다. 현행 옥외 광고물관리법 시행령 제3조에 의하면 옥외 광고물은 그 부착 위치, 재료 및 형태에 따라 가로형 광고물·세로형 광고물·돌출형 광고물·옥상 광고물·지주 이용 광고물·공공 시설물 이용 광고물·교통시설 이용 광고물·창문 이용 광고물·교통수단 이용 광고물·공연 간판·현수막·플랜카드·애드벌룬·벽보·전단·선전탑·아치 광고물 등 열일곱 가지로 분류하고 있다. 그러나 이는 명확한 기준에 의거한 형태적 분류가 아니어서 법작용에 모호함을 야기시키기도 한다.

2) DHL의 옥외 광고 입체형 빌보드 이미지

2) 옥외 광고의 종류

옥외 광고는 게재 장소를 기준으로 옥상 광고·교통 광고·경기장 광고와 기타 광고로 구분된다.

옥상 광고는 빌보드 광고라고도 한다. 이는 길거리에서 흔히 보는 광고물로서 건물의 외곽에 커다란 고정 시설물을 부착시켜 광고물을 게재한다. 밤거리를 화려하게 수놓는 네온사인 광고나 대형 TV를 보는 듯한 느낌의 전광판 광고 등이 대표적인 예이다. 주로 기업 로고나 브랜드 로고, 캐치프레이즈, 광고 캠페인 카피 등이 부착된다. 최근에는 표현 기술의 발전과 신소재 시설물의 개발로 이미지와 그래픽 표현이 강화되는 추세다.

또한 옥상 광고는 부착되는 고정 시설물의 크기와 위치에 따라서 옥탑 광고·옥상 빌보드·옥상 네온사인·야립 광고로 구분된다. 여기서 야립 광고란 고속도로나 대로변 주변에 대형 고정 시설물을 활용한 광고를 말한다.

교통 광고는 버스·택시·지하철 등의 대중교통 수단을 이용하여 게재되는 광고물과 버스 쉘터, 공항 대합실, 지하철 승강대 등 교통 관련 시설물에 부착된 광고물을 지칭한다. 특히 대중교통 수단을 활용하는 광고는 차량 내부에 광고물을 부착하는 교통 수단 내부 광고와 차량 외부에 랩핑 형식으로 광고물을 부착하는 교통 수단 외부 광고로 나누어진다.

3) VISA 카드의 옥외 광고 옥상 광고 이미지

4) DHL의 옥외 광고 야립 광고 이미지

5) DHL의 자동차 외부 광고 이미지

경기장 광고는 스포츠 경기가 펼쳐지는 무대를 활용한 광고이다. 경기장 전체를 광고의 수단으로 사용하거나 경기장 지면에 설치된 에어보드 광고나 펜스 광고 등이 널리 쓰이는 광고들이다.

이밖에 극장의 스크린을 활용하여 광고를 진행시키는 극장 광고, 비행선이나 풍선에 광고물을 부착하는 광고, 건물의 바닥면을 활용

6) 일본 지하철 내부에 설치된 광고 이미지

7) **VISA** 카드의 대합실 외벽 광고 이미지

한 바닥면 광고, 개인의 신체 일부를 이용하여 광고를 진행하는 바
디 광고 등 다양한 유형이 있다.

● 극장 광고

영화 산업이 팽창하면서 영화 관람자들이 증가하고 있어 극장 광
고의 수요는 많아지고 있다. 극장의 스크린을 활용한 광고는 영화
가 시작되기 전에 광고물을 노출시킴으로써 극장을 찾은 관람객들
이 광고물의 시청을 피할 수 없는 상황에 처해있기 때문에 강제 노
출이 가능한 광고이다.

● 바닥면 광고(매장 내 광고)

바닥면 광고는 백화점이나 대형 할인점 등의 대형 매장 입구 바닥에 광고물을 게재하는 것으로 흔히 매장 내 광고라고도 한다. 바닥면 광고는 매장에 방문하는 소비자들의 시선을 매장 입구에서부터 사로잡고, 해당 광고 제품을 실구매로 유도시키는 등 판매 촉진 역할을 하는 광고이다. 삼성동 무역센터 코엑스 몰이나 일부 지하철 역사 내 바닥에서 볼 수 있는 광고물이다.

● 비주얼 펜스 광고 시스템

비주얼 펜스 광고 시스템은 축구 경기장의 골 포스트 주변을 3D 그래픽 영상 기술로 광고물을 게재하는 광고이다. 축구 경기장은

8) 3D 비주얼 광고 이미지

골 포스트를 중심으로 6m 내에는 어떤 형태의 건조물도 설치될 수 없도록 규제하고 있다. 이 공간을 3D 영상으로 광고 게재가 가능하도록 개발한 것이다. 기계가 지면 아래에 설치되기 때문에 골 포스트 주변에 광고물을 게재하는 효과가 있다. TV로 축구 중계를 시청할 때 종종 눈에 비치는 광고이다.

3) 옥외 광고의 요금 체계

옥외 광고의 요금은 미디어 매체와 다르게 매체의 종류나 규격, 형태와 옥외 광고물 주변의 유동 인구 수나 주변 환경 등에 따라서 광고 단가가 결정지어진다. 여기서는 옥외 광고회사인 ㈜전홍의 영업 광고 단가표와 안광호의 〈광고 관리〉를 중심으로 주요 옥외 광고 매체 단가들을 살펴보고자 한다.

세종로 프레스센터의 전광판 광고의 경우 규격이 1,200×900 양면 광고에 1일 20초 135회 기준으로 월 단가가 1천5백만 원이다. 잠실 야구장의 외야 전광판 하단 펜스 광고의 경우 규격이 8,800×150에 월 4백만 원이다. 서울시 일반 버스 외부 광고의 경우 270×50 규격의 광고 한 개가 월 26만 원이고, 버스 정류장 쉘터 광고의 경우 134×187 규격이 개당 월 1백60만 원이다. 지하철 광고의 경우 이용객이 가장 많은 2호선을 기준으로 지하철 차량 외부 광고가 270×50 규격에 한 개당 월 10만 원이며, 지하철 내부 천장거리 S자형 광고의 경우 103×30 규격에 한달 월 광고비가 3만6천 원이다. 지하철 역사 내 와이드 컬러 광고판은 500×300 규격 기준 개당 월 1백50만 원이다. 한편 할인점 카트(cart) 광고의 경우 킴스클럽을 기준으로 카트당 2만4천 원이고, 히트 영화 비디오 테이프의 경우 영화 예고편 뒤 20초당 10만 원이다.

옥상 광고의 경우는 게재 시설물의 위치에 따라 가격이 결정된다. 통행량이 많고 적음에 따라 가격 차이가 나기 때문에 위치 선정을 잘해야 한다. 예를 들어 여의도에 위치한 옥상 간판(20m×7.9m)의 제작비는 2억7천만 원이며 월 광고료는 7백50만 원을 지급해야 한다.

교통광고 지하철의 경우 도시철도공사(5-8호선)와 서울지하철공사(1-4호선)에서 관리하는데, 지정 대행사를 통해 광고를 판매한다. 예를 들어 지하철 내부 광고비는 액자형이 1만8천 원, 모서리형 1만3천 원, 철장걸이형 3만6천 원이다. 버스 광고의 경우도 지정 옥외 대행사를 통해서 광고 구입이 가능한데, 보통 1천 대 이상을 기본으로 월 한 대당 광고비가 5천 원이다. 철도 광고의 경우 홍익회가 관리를 맡고 있다.

4) 옥외 광고의 특징

옥외 광고는 광고물을 주기적으로 고정된 위치에서 노출시키는 광고이다. 따라서 지역적 위치에 통행하는 사람들에게 지속적이고 반복적인 노출이 가능하다. 설치되는 위치에 따라서 주목율이 차이

나기 때문에 광고주는 옥외 광고의 장소를 결정할 때는 위치나 주
변 환경, 유동 인구의 특성, 교통량, 도로 상황, 광고물 게재면의
크기 등을 종합적으로 고려해야 한다. 옥외 광고는 광고물 표현에
있어서 일반 매체와는 별개의 표현 전략을 세워야 한다. 미국 옥외
광고협회에 따르면 옥외 광고 표현을 '짧은 문구,' '큰 일러스트레
이션,' '강한 카피,' '명료한 제품의 제시'를 강조한다.

서울시 광화문에 위치하고 있는 조선일보사나 동아일보사 사옥
에 설치된 전광판 광고의 경우, 이 지역 통행자에게 출퇴근 시간을
이용하여 전광판 광고를 진행한다면 이 광고는 고정적인 출퇴근자
들에게 반복적으로 노출될 가능성이 높다. 기술의 발달로 크리에
이트 측면에서의 다양한 표현이 가능하기에 통행자들의 주목도를
높일 수 있다.

하지만 옥외 광고는 움직이는 통행자를 대상으로 하기 때문에 이
들이 지각할 수 있는 범위 안에서 전달 메시지를 표기해야 하는 등
정보 제공의 한계를 가지고 있으며, 광고 효과에 대한 객관적인 데
이터 분석이 어려운 점 또한 단점으로 지적된다.

2. 인터넷 광고

인터넷은 디지털 시대에 가장 급격한 발전을 하고 있는 영향력 있
는 뉴미디어다. IT-정보통신 기술의 발전과 함께 사회 환경의 네

트워크화로 인해 인터넷은 점차 생활의 한 부분으로 자리잡고 있다. 매스미디어로서나 마켓 플레이스로서 급속하게 성장하고 있기에 인터넷 사용자는 정치나 사회에 영향력을 행사하는 능동적인 오디언스의 모습을 보여주고 있다. 뿐만 아니라 상품과 서비스에 대한 정보를 적극적으로 탐색하고 구매하는 소비자이기도 하다. 이때문에 인터넷이 우리 생활에 미치는 파급 효과는 다른 이전의 뉴

9) 포털 사이트 네이버의 배너 광고 이미지

미디어들보다 막강하다. 광고업계 역시 광고주의 이슈를 파악하고 효과적인 광고 메시지 전달을 위해서 다양한 툴을 사용하여 인터넷을 새로운 광고매체로서 다양하게 활용하고 있다.

1) 인터넷 광고의 형태

인터넷 광고는 단순한 정보 전달의 수단이 아니라 새로운 광고의 형태로 인정받으며 확고한 위치를 차지하고 있다. 대중매체와 개인 매체를 혼합한 종합 매체의 성격을 지니고 있는 인터넷은 TV·라디오·신문·잡지 등 기존 매체를 대체하고 포괄하는 동시에 4대 매체가 진행하기 어려운 광고를 개발하고 진행하는 등 다양한 실험의 장이 되고 있다. 무엇보다도 쌍방향성(two-way)과 상호 작용성(interactivity)이 가능한 인터넷 광고는 인터넷 방송이나 신문, 전자 DM신문 같은 방식을 활용하여 광고를 집행하거나 인터넷폰과 전자우편 등 맞춤형 광고로 메시지 전달이 가능하다.

인터넷 광고에서 중요하게 사용되는 커뮤니케이션 도구들의 형태는 크게 웹사이트와 이메일로 구분된다. 웹사이트에서 게재되는 광고물과 인터넷에서 수행되는 SP, 온라인 커뮤니티를 통한 커뮤니케이션과 PR 등이 있다. 인터넷 광고의 최대 특징은 인터넷에 접속하고 있는 소비자가 관심을 끄는 광고를 보았을 때 곧바로 제품 구매가 가능하다는 것이다. 다량의 제품 정보를 제공해 주는 동시에 광고주의 웹사이트나 쇼핑몰로 바로 연결되기 때문이다.

2) 인터넷 광고의 종류

① 웹사이트(WWW)

WWW(World Wide Web)의 웹사이트는 인터넷에서 정보를 전달하는 첫번째 수단이다. 문자 정보뿐 아니라 이미지나 영상, 음성 등 다양한 멀티미디어의 정보 전달이 가능하다. 자료들은 모두 하이퍼텍스트(hypertext)에 연결되어 있다. WWW에 웹사이트나 홈페이지를 등록하고 개설한 후 활용하면 된다.

웹사이트는 광고주가 특정 사이트를 개설하여 가상 공간을 확보

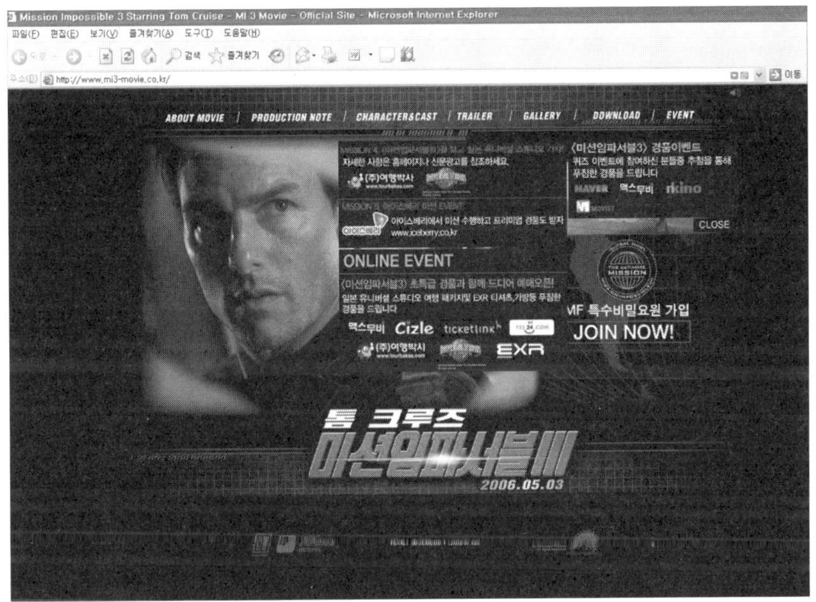

10) 영화 전용 웹사이트를 활용한 영화 광고

하고, 이 가상 공간에 광고주의 제품이나 서비스 등 관련 정보를 전달하는 형태이다. 웹사이트나 홈페이지의 가장 중요한 목적은 광고주와 관련된 기업이나 소비자 등 모든 구성원들의 접속을 유도하는 것이다. 그래야만 광고주는 유용한 정보를 소비자들에게 제공할 수 있고, 그 공간을 통하여 제품을 판매할 수 있는 기회를 갖게 된다. 최근에는 기업 광고주 말고도 정치인이 유권자들의 표를 얻기 위해서 자신들의 정치적 성향이나 업적 등을 나열한 웹사이트나 홈페이지를 개설하여 정치적 지지 기반을 얻기 위해 광고하는가 하면, 신규 영화를 개봉하기 전에 개봉 영화의 전용 웹사이트나 홈페이지를 개설하여 영화를 광고하기도 한다.

② 배너 광고

배너 광고란 배너(banner)라고 부르는 작은 직사각형으로 된 광고이다. 입간판 성격의 광고가 대부분을 차지하는 배너 광고는 웹의 상단부 좌, 우, 중앙에 위치하여 회사 로고나 간단한 안내문, 타겟 광고로 이어 주는 아이콘 등으로 구성되어 있다. 무엇보다도 배너 광고를 클릭하면 해당 웹페이지나 홈페이지로 인터넷 사용자들을 끌어모으는 특징이 있다.

배너 광고의 크기는 웹페이지나 홈페이지에 따라 다양하다. 흔히 배너 광고라고 하면 가로 14cm 및 세로 3cm가 가장 일반적으로 쓰인다. 배너 광고는 메시지의 제시 형태에 따라 고정형 배너, 동영상 플래시(flash) 배너, 인터랙티브형(interactive) 배너, 여백형 광고

11) 포털사이트 다음의 배너 광고 이미지

로 나누어진다. 이는 다시 위치 변화의 여부에 따라서 고정 광고와 롤링 광고로 분류된다. 고정형 배너는 초창기 배너 광고에 시도된 형식으로 광고의 메시지나 이미지가 고정되어 동일한 형태로 표현되는 것이다. 동영상 플래시 배너는 광고의 메시지나 이미지가 TV 광고처럼 동영상 화면으로 보여지는 것이다. TV 광고물이나 영화,

애니메이션, 3D 등 다양한 기법의 광고물 제작이 가능하다. 고정형 배너나 동영상 플래시 배너가 수동형 단순 노출형 광고라면 인터랙티브형 배너는 능동적 강제 노출형 광고이다. 이벤트 참여나 회원 가입 방식으로 개인 정보 제공이나 질문에 대한 응답, 양식의 기입 등을 하거나, 게임 참여하기나 관련 제품 파일 내려받기, 제품 구매 등 소비자가 직접 일련의 행동을 전개한다. 여백형 광고는 자투리 공간을 활용한 광고이다. 웹사이트나 홈페이지의 800×600 해상도에서는 오른쪽에 하얀 여백이 생긴다. 이곳에 통통 튀거나 그림자 형태로 움직이는 광고를 노출시키는 것이다.

③ 삽입형 광고

흔히 팝업 광고(pop-ups)라고 하는 삽입형 광고(interstitials)는 사이트의 페이지가 바뀌는 중간에 자동으로 삽입되는 광고이다. 때로는 인터머셜(intermercials) 광고라고 불리기도 한다. 삽입형 광고는 강제 노출이 가능하여 초기 광고 주목률이 높다는 장점이 있다. 하지만 소비자 측면에서 눈의 시선이나 시간을 낭비하고, 웹사이트나 홈페이지 입장에서는 불필요한 공간을 제공한다는 비판을 받기도 한다. 삽입형 광고의 종류와 크기는 광고주의 목적에 따라 다양하다.

④ 협찬 광고

오프라인에서 진행되는 협찬 광고와 동일한 개념이다. 단지 온라

12) 온라인 쇼핑몰 인터파크의 팝업 광고 이미지

인상에서 별도의 협찬 광고가 이루질 뿐이다. 협찬(co-branded con-tents) 광고는 기업이나 브랜드가 웹사이트와 홈페이지의 특정 이벤트 혹은 신규 컨텐츠 구성시 후원자가 되어 인지도와 이미지를 제고하기 위해 제작되는 광고물이다. 기사형 광고(advertorial ad), 스폰서쉽 광고, PPL 광고 등이 그 예이다. 기사형 광고는 오프라인 신문이나 잡지 기사나 사설 등의 형태적 특성을 모방하여 신제품이나 제품의 특장점을 기사체 형태로 홍보하는 형태이다. 스폰서쉽 광고는 특정 웹페이지나 홈페이지에 기업의 로고나 브랜드명을 명

13) 현대카드에서 진행하는 협찬 광고 이미지

시하는 것이다. 웹서핑을 하는 소비자들이 관심 있어 하는 웹사이트나 홈페이지의 컨텐츠에 로고나 브랜드를 삽입하여 그 컨텐츠가 마치 해당 기업의 일부인 것처럼 만드는 것이다. PPL 광고는 영화나 드라마의 PPL 협찬이 이루어지는 것처럼 게임이나 대화방, 블로그 같은 특정 컨텐츠 내에 제품을 배열한 것이다.

⑤ 이메일 광고

인터넷의 본질적 특성인 양방향성(two-way)과 상호 작용성(in-teractivity)을 모두 갖춘 광고의 형태이다. 인터넷상에서 가장 상용

14) 기아자동차에서 진행하는 이메일 광고 이미지

화되어 있는 커뮤니케이션 수단인 이메일(email) 광고는 일반적인 광고 형태와 함께 특화된 타겟 광고가 가능한 광고 수단이다. 기존의 컨텐츠에 기업의 로고나 브랜드를 삽입하거나 제품이나 서비스를 단순 배열시켜 광고를 노출하기도 하고, 개별 고객에게 맞춤형 메시지나 메일링을 보내어 타겟팅 효과를 얻는다. 이메일 광고는 광고 목표에 적합한 특정 고객을 선별하여 고객의 관심사나 성향에 맞추어 메일을 보냄으로써 광고 효과가 뛰어나다는 장점을 가진다. 하지만 스팸메일의 범람으로 광고성 메일을 열어보지 않는 고객들이 점차 늘어나고 있어서 효과적인 측면에서는 부정적이다.

3) 인터넷 광고의 요금 체계

인터넷 광고의 요금은 대부분 **CPM**이나 특정 기간을 기준으로 책정된다. 네이버·다음과 같은 포털사이트나 벅스뮤직·티켓링크 같은 전문사이트, **MBC·SBS·KBS**의 방송국 홈페이지 등 매체에 따라서 광고 요금이 다양하다. **SBS**의 경우 **CPM**을 기준으로 메인 페이지 우상단(160×560)이 2만 원, 상단(468×60)이 1만8천 원, 좌하단(232×45)이 1만5천 원이다. 메인 카테고리의 경우 우상단 (160×560)이 1만5천 원, 우하단(170×40)이 8천 원이다. 프로그램 동영상 광고는 15초 기준 첫번째 광고 방영이 8만 원이고, 두번째 광고 방영이 7만5천 원이다. 한편 포털 사이트 네이버의 경우 1주 일간 메인 페이지에 광고를 집행한다고 했을때 상단 배너(390× 100)가 7백만 원, 우측 배너(290×70)가 5백만 원, 상단 텍스트가 상단 8자, 하단 10자를 기준으로 5백만 원, 프리미엄 텍스트가 15 자 내외로 7백만 원이다.

4) 인터넷 광고의 특징

인터넷 광고는 다음과 같은 특징들을 가지고 있다.

첫째, 인터넷 광고는 메시지 상호 작용이 가능하다. 웹사이트에서의 커뮤니케이션은 메시지의 송신자와 수신자 간의 상호 의사소통을 원활히 한다. 정보의 공유와 취득에 있어서 수신자는 수동적 입장에 있는 것이 아니라 능동적이고 자의적으로 정보의 양과 속도를 조절할 수 있다.

둘째, 인터넷 광고는 미디어 컨버전스이다. 신문·잡지를 비롯해서 텔레비전 수상기·라디오 수상기·비디오·DVD 등의 미디어기기에 정보를 송출하는 개별 기능들을 통합하고 있다. 따라서 송신자와 수신자 모두 별도의 미디어기기 없이 컴퓨터의 웹사이트(www) 안에서 음성 정보·문자 정보·동영상·이미지 정보 등을 복합적으로 전달하고 전달받을 수 있다.

셋째, 인터넷 광고는 정보의 데이터베이스이다. 신문 광고와 잡지 광고, TV 광고와 라디오 광고는 수신자에게 단기적으로 노출되는 기능을 가지고 있다면, 인터넷 광고는 수신자가 원할 때 언제든지 정보를 취득할 수 있다. 테이터 기록이 남고, 검색에 의한 광고 내용 정보를 얻을 수 있기 때문이다.

넷째, 인터넷 광고는 IMC 수단이 집약된 마케팅이다. 4대 매체를 비롯한 전통적인 광고는 정보의 전달만을 주요 기능으로 한다. 하지만 인터넷 광고는 정보 전달에 의한 제품의 직접적인 구매가 가능하다. 따라서 광고와 홍보, 이벤트를 비롯하여 소비자 리서치, 제품의 유통 및 판매 등 일련의 마케팅 기능이 집약되어 있다.

광고 이미지 출처

1) 한컴 기획팀 제공.
2) DHL 홈페이지 http://www.dhl.com
3) VISA 홈페이지 http://www.visa.com
4), 5) DHL 홈페이지 http://www.dhl.com
6) 현택수 · 홍장선(2006), 자료모음집 발췌.
7) VISA 홈페이지 http://www.visa.com
8) 현택수 · 홍장선(2006), 자료모음집 발췌.
9) 네이버 홈페이지 http://www.naver.com
10) 미션임파서블 3 홈페이지 http://www.missionimpossible.com
11) 다음 홈페이지 http://www.daum.net
12) 인터파크 홈페이지 http://www.interpark.co.kr
13) 현대카드 홈페이지 http://www.hyundaicard.com
14) 홍장선의 nate 이메일 계정.

참고 문헌

강상편 · 채백 엮음(2002), 《대중매체의 이해와 활용》, 서울: 한나래.
김광수(1999), 《광고학》, 서울: 한나래.
박성호(2000), '인터넷 광고의 광고 이용 성향에 관한 연구,' 〈광고 연구〉, 제48호.
서상원(1996), 'PPL 사업과 광고 효과,' 〈제일기획〉.
서울특별시(1992), 〈옥외 광고물 등 관리 법규집〉.
서범석(1996), 'OHM의 광고 효과에 관한 연구: 전광판 광고를 중심으로,' 〈광고학 연구〉, 12월호.
신승익(1998), '온라인 광고,' 〈광고연감〉, 제일기획
안광호 · 이유재 · 유창조(2004), 《광고관리》, 서울: 법문사.

안광고 · 유창조 공저(1998), 《광고원론》, 서울: 법문사.

양영종 · 김상훈 · 정걸진(2002), 《디지털시대 광고론》, 서울: 형설출판사.

이영훈(1996), '교통 수단과 커뮤니케이션,' 〈대홍기획〉, 7/8월호.

이종호(1996), 《광고론》, 서울: 경문사.

이두희(1997), 《광고론》, 서울: 박영사.

장대련, 한민희(2000), 《광고론》, 서울: 학현사.

정어지루(2000), 《순애드버타이징》, 서울: 형설출판사.

정어지루(2006), 《新광고학》, 서울: 형설출판사.

제9장
광고주 업무의 실제 1
- 광고의 집행 -

광고 행위의 주체는 광고주, 즉 기업이다. 광고주는 광고 대행사에게 광고 제작뿐만 아니라 광고와 관련된 종합적인 업무를 의뢰한다. 하지만 광고 관련 업무가 광고 대행사에게 일임되었다 하더라도 광고주는 광고에 관한 종합적인 업무 핸들링을 원활하게 하여, 질 좋은 광고물이 생산되도록 노력을 기울여야 한다. 제9장과 제10장에서는 광고주 업무에 대하여 실제로 기업체 광고 실무 담당자들이 어떻게 광고 업무를 진행하고 있는지 살펴보기로 한다. 가전회사를 예로 들어 기초적인 광고 업무 플로어 과정을 파악해 보도록 한다.

1. 기업체 광고 업무 매뉴얼의 예

1. 신문 광고 진행의 예

신문 광고를 내기 위해서는 광고주가 광고 대행사를 통해 일련의 업무를 원활하게 진행할 수 있다. 광고주는 광고 대행사 핸들링 업무 이외에 신문사의 광고 영업 담당자들을 별로도 직접 관리함으로써 대행사의 매체 담당자와 이원적인 관리 체계를 구축하여, 좀더 긍정적인 커뮤니케이션 활동을 진행할 필요가 있다.

1) 연 예산 대비 매월 운영 전략 수립

가전회사의 신문 광고는 일반적으로 연 2회 진행을 기본 기준으로 한다. 상반기 봄 판촉(3, 4월)과 하반기 가을 판촉(9, 10월)이 주된 시기이다. 그리고 때때로 혼수 시즌이나 이사철(5월)을 맞아 스팟성으로 광고를 집행하는 경우도 있다.

2) 제작 방향 수립 및 진행

일반적으로 광고 제작은 전사 판촉을 중심으로 진행한다. 대기업을 제외한 일반적인 가전회사는 기업 광고나 브랜드 광고, 개별 제품 광고를 드물게 진행한다. 연중 진행되는 상반기, 하반기 판촉 광고를 중심으로 하되, 판촉 마케팅이 수립된 후 광고물을 제작하면 된다. 신문 광고 제작 기간은 보통 10일 정도가 소요되며, 광고물 시안은 다양한 아이디어를 충분히 수용할 수 있도록 대략 네 가지 이상 전달받아 영업 팀장 및 마케팅 팀장의 의견을 수렴한다. 그후 본부장 승인을 거쳐 최종 광고물 시안 한 가지를 선택하고 사장의 최종적인 승인을 받으면 된다.

3) 신문 광고의 집행일자, 매체 계획 수립

매체 계획은 마케팅 전략에 따라 다양한 매체를 활용하는 안으로 구성한다. 일반적으로 기업의 신문 광고는 구독율이 높은 조선일보·중앙일보·동아일보를 중심으로 경제지와 기타 종합일간지로 나누어 효율적으로 집행된다. 판촉이 목적일 경우 조선일보·중앙일보·동아일보를 우선적으로 선택하여 집행하고, 나머지 기타 일간지를 활용한다. 제품 출시가 목적일 경우는 조선일보·중앙일보·동아일보와 경제지를 적절하게 분배한다. 판촉 광고의 경우 쇼핑 구매율이 높은 요일인 목요일·금요일·토요일자에, 제품 광고의 경우는 쇼핑 구매율과 신문 접촉율이 높은 요일인 월요일·목요일·금요일자를 활용한다.

종종 신문사마다 광고주의 내부 상황에 따라서 광고면이 펑크나는 경우가 있다. 펑크나는 지면을 저렴한 가격에 확보하여 광고 집행을 해도 좋고, 경제면이나 금요판 기획면과 같은 섹션면에는 본지 가격보다 저렴하게 광고 지면을 확보할 수 있다. 매체 상황에 따라 광고비를 조율할 수도 있으므로, 광고 영업 담당자와 친밀함을 바탕으로 대화 기술력을 발휘해 효율적인 광고 집행을 유도한다. 단 시장 경제 상황에 따른 신문 광고 단가의 유동성을 고려한 능숙한 협상이 요구된다.

4) 광고 영업 담당 대응

광고 업무는 광고 제작물에 관련된 업무만이 존재하는 것은 아니다. 광고물 게재에 따른 일련의 다양한 커뮤니케이션 과정이 있다. 신문에 광고를 집행한다는 것은 단순한 광고 집행 이외에 신문사 광고 영업 담당과의 커뮤니케이션 활동을 의미한다. 지면 확보나 광고 비용 협상 등 신문 광고 집행의 제반 활동이 존재한다.

신문사 광고 영업 담당자들과 가져야 할 관계는 타매체 광고 영업 담당자들과의 관계와 성격상 조금 다르다. 신문사 광고 영업 담당자들은 영업맨이라는 한계적 소구를 가지고 있기는 하나, 신문사 광고의 영업은 신문 편집국과의 관계가 있기에 신중한 결정이 필요하다. 즉 편집국과의 긴밀한 관계 유지를 위해서 광고국 영업 담당자와의 커뮤니케이션을 유기적으로 가질 필요가 있다. 매체에 따라서 광고 영업 담당자가 전직 기자 출신일 경우도 있다. 매체 특성상 보직이 순환되는 경우나, 기자가 원해서 광고국으로 가는 경우가 있기 때문이다. 매체에 따라서는 간혹 기자가 광고 담당을 겸하는 경우도 있다.

광고국이라고 해도 신문사 조직에서 광고국장의 위치는 편집국장과 같이 해당 신문사의 게이트 키퍼 역할을 수행한다. 이는 광고국 역시 신문사 조직에서 내부적 힘을 가지고 있다는 말이기도 하다. 광고주들이 광고 영업 담당자들을 일반적인 광고 영업사원 관리 방식으로 접근한다면 향후 끼치는 부정적 측면에서 곤경에 처할 수도 있으니 주의해서 관리해야 한다.

5) 가전 관련 광고 스크랩 및 정리

광고 업무에 있어서 신문 광고물 스크랩은 모니터링 업무의 기본이다. 경쟁사나 관련회사 광고물을 모두 모니터링하는데, 이는 광고의 트랜드 파악과 경쟁 광고 동향을 알기 위한 일이다. 하루 단위나 주간 단위로 모니터링하며 정리된 모니터링 광고물은 마케팅 부서와 공유하여 차후 신문 광고 전략시 중요 데이터로 활용한다.

2. 잡지 광고 진행의 예

잡지 광고를 하기 위해서는 광고주가 광고 대행사를 통해 일련의 업무를 원활하게 진행할 수 있다. 광고주는 광고 대행사 핸들링 업무 이외에 잡지사의 광고 영업 담당자들을 별로도 직접 관리함으로써 대행사의 매체 담당자와 이원적인 관리 체계를 구축하는 동시에 다양한 커뮤니케이션 활동을 진행할 필요가 있다.

1) 제작 방향 수립 및 진행

가전회사 광고물의 제작 방향은 제품이 중심이다. 제품의 품목별 광고 진행은 잡지를 통한 주기적인 노출이 적격이다. 제품 광고의 경우 품목별 중요도에 따라서 월별·격월별·분기별 집행 전략을 수립한다. 잡지 광고의 제작 기간은 보통 일주일 정도가 소요되며, 마케팅 담당자들과 협의를 통해 제작·집행하면 된다. 광고물 시안은 다양한 이미지가 바탕이 된 제작물을 중심으로 전달받아 마케팅 팀장의 의견을 수렴하여 집행하면 된다.

2) 매체별, 연령대별 열독률 파악, 월별 매체 선정(부록 및 특집, 창간일 고려)

매체 선정은 여성 종합지를 위주로 편성하면 좋다. 여성중앙·여성동아·여성조선·주부생활·우먼센스·레이디경향·행복이 가득한 집 등의 매체들 중에 네다섯 개 매체를 순환하여 편성하면 되며, 리빙지 1-2개지, 요리지 1개지, 웨딩지 1개지, 육아지 1개지 등 매체별로 한 종류 이상씩 집행한다. 전문지의 경우에는 제품과 가장 잘 어울리는지 해당 제품의 성격이나 디자인 이미지 등을 감안하여 진행한다. 또한 매체별 창간일이나 특집호 등은 담당자와의 원활한 관계 유지를 위해 집행하는 편이 좋다.

3) 광고 영업 담당 대응

잡지사 광고 영업 담당자는 신문사 광고 영업 담당자와 다르다. 태생적으로 잡지라는 매체 자체의 한계가 있기 때문이다. 잡지가 전통적인 주요 매체임은 분명하나 그 인기도가 1980-90년대와는 달라 광고의 효율적인 측면을 고려한다면 광고 집행에 어려움이 많다.

광고 영업 담당자를 대할 때는 이들을 일반적인 영업사원으로 인식하면 응대하기가 쉽다. 하지만 잡지 광고 담당자를 단순하게 영업 담당자라는 생각으로 접근하면 여러 가지 좋은 옵션을 놓치는 실수를 범하게 된다. 광고 영업 담당자와 얼마나 친밀한가 또는 광고 진행의 빈도수에 따라서 광고주는 광고의 범주를 벗어나 애드버토리얼이나 기획성 홍보기사 혹은 해당 매체가 주관하는 기타 이벤트 행사 참여 등의 부가적인 혜택을 받아 기대하지 않은 PR의 기회를 접하기도 한다. 잡지 광고는 광고 이외에 PR 부문 역시 광고의 역할에서 중요한 부문을 차지한다.

광고 영업 담당자들과의 원활한 커뮤니케이션 관계를 위해서는 광고 단가와 집행 빈도수가 중요하다. 상황에 따라서 광고 단가와 집행 빈도수는 광고주와 광고 영업 담당자 간의 신용이다. 연간으로 광고가 집행되면 지정된 면에 게재가 가능하나, 비정기적인 흐름의 광고 집행의 경우는 좋은 지면 위치에 광고물을 집행하기가 어렵다. 따라서 개인적인 커뮤니케이션 능력을 바탕으로 광고 영업 담당자와 밀접한 관계를 유지하면 좋은 광고면 확보에 유리하고, PR의 기회를 얻어 보다 효율적인 광고 집행이 가능하다.

4) 광고 지면 및 광고 Quality 체크

전통적인 광고매체인 잡지 광고는 제품 이미지를 가장 효율적이고 저렴한 비용으로 소비자들에게 전달하는 우수한 매체이다. 잡지 광고는 사진이나 이미지 등의 시각적인 요소를 적극적으로 활용하기 때문에 인쇄된 면의 광고 퀄리티를 면밀히 확인해야 한다. 경쟁사나 관련 업종회사의 광고물보다 먼저 게재가 되었는지, 좋은 지면 위치에 게재되었는지 등의 모니터링이 필요하다. 광고가 인쇄되기 전의 교정 시안물과 인쇄 광고가 색상·색감 등에서 차이를 보이거나 원하는 톤으로 광고물이 게재되지 않았으면, 적절한 항의와 함께 패널티를 부여할 필요가 있다. 잡지 광고는 신문 광고와는 달리 매월 주기적으로 광고를 집행하기 때문에 소비자들에게 연속적으로 기억 이미지를 주입시킬 수 있다.

5) 가전 관련 광고 및 정보 검토

광고 업무에 있어서 잡지 광고물 스크랩은 모니터링 업무의 기본이다. 해당 광고물이나 애드버토리얼의 게재 유무, 게재 위치, 게재 크기 등을 모니터링하여 경쟁사나 관련회사들의 광고물과 비교 검토해야 한다. 차이가 발생할 경우 즉각 광고 영업 담당자에게 항의하여 향후 집행되는 광고에 대해서 게재 위치나 크기에 다소 유리하게 집행되도록 유도해야 한다. 또한 단신성 애드버토리얼과 기획 PR, 기사 내 제품 PPL 모니터링도 꼼꼼하게 해야 한다.

3. 케이블 TV 광고 진행의 예

케이블 TV 광고는 TV 광고와 마찬가지로 광고주가 광고 대행사를 통해서 일련의 업무를 원활하게 진행할 수 있다. 그런데 TV 광고는 광고 집행 절차에 있어서 다른 매체보다 번거로운 특징을 가진다. 한국방송광고공사를 통해서만 광고 시간을 구입하여 광고를 진행시킬 수 있고, 심의나 기타 절차가 까다롭다. 케이블 TV 광고도 TV 광고와 비슷한 절차를 갖는다. 케이블 TV 광고는 매체 영업 담당자와의 직거래가 가능하다. 영업 담당자는 직거래 광고주에 한하여 광고 대행사의 직원처럼 광고 집행 관련 업무 행위를 대신 해주는 경우도 있다. 따라서 광고주는 광고 대행사에게만 업무를 의뢰하기보다는 광고 대행사 핸들링 업무와 함께 케이블 TV 광고 영업 담당자들을 별로도 직접 관리함으로써 대행사의 매체 담당자와 이원적인 관리 체계를 구축하는 동시에 다양한 커뮤니케이션 활동을 진행할 필요가 있다.

1) 매월 예산에 따른 운영 전략 수립(매체 및 프로그램 선정/집행물 선정)

TV 광고의 보조 매체 수단으로 활용되는 케이블 TV 광고는 TV 광고와 병행되어 함께 운영되기 때문에 광고 효과의 시너지를 유발시킨다. 최근에는 케이블 TV 광고만 독립적으로 운영하는 매체 전략이 점차 늘어나고 있다. 신규 CM의 소비자 반응을 확인하기 위해서, 티저 광고의 효과를 얻기 위해서, 그리고 방송 광고에 있어서 저비용 대비 고효율의 노출 효과를 얻기 위해서다.

2) 매체별 모니터링 및 조사

케이블 TV 광고의 모니터링은 TV 광고 모니터링보다 수월하지 않다. TV 광고는 큐시트에 기입된 청약 스케쥴대로 광고를 지켜보면 쉽게 확인이 가능하다. 하지만 케이블 TV 광고의 경우는 청약 스케쥴이 나왔다고 해도 프로그램 사이의 광고수가 워낙 많고 복잡하기 때문에 화면을 끊임없이 주시하여 모니터링해야 하는 불편함이 있다. 물론 케이블 TV 영업 담당자가 제공하는 월간 모니터링 집행 관련 자료를 받아서 확인해도 되지만, 담당자 스스로가 광고물을 주 1회 이상 직접 눈으로 확인해 볼 필요가 있다.

3) 광고 영업 담당 대응

케이블 TV 광고 영업 담당자들은 한국방송광고공사(KOBACO)의 광고영업 담당자와 비슷한 업무속성을 가진다. 하지만 한국방송광고공사와는 달리 케이블 TV 광고 영업은 경쟁의 시장이다. 광고주는 케이블 TV 광고 영업 담당자들을 일반적인 영업사원으로 여기는 경향이 있다. 갑의 위치만 외치다가는 보너스 청약율 퍼센트를 높이거나 혹은 주요 프라임 시간대에 광고 시간을 잡을 수 있는 좋은 기회를 놓칠 수 있다. 협력 관계의 파트너 의식으로 보다 원활한 관계를 유지해야 한다.

4) 가전 관련 광고 모니터링 및 정리

케이블 TV 광고 업무에 있어서 광고 모니터링은 광고 업무의 기본이다. 경쟁사나 관련회사 광고물이 브라운관을 통해 진행되는 모든 광고물을 모니터링해야 한다. 이는 광고의 트랜드 파악과 경쟁광고 동향을 확인하기 위함이다. 케이블 TV 광고는 광고물 소재의 시간이 제한되어 있지 않기 때문에 신규 광고기법이 담긴 광고물 전시장과 같다. 따라서 소비자들의 관심이 증폭될 수 있는 광고기법이나 소재물을 찾아 분석할 필요가 있다. 일일 단위나 주간 단위로 모니터링하며, 정리된 모니터링 광고물은 마케팅 부서와 공유하여 차후 케이블 TV 광고 전략시 중요 데이터로 활용한다.

4. 옥외 광고 진행의 예

옥외 광고는 광고 대행사를 통해서 일련의 업무를 진행할 수 있다. 하지만 옥외 광고의 경우는 해당 옥외 광고회사의 영업 담당과 직거래를 할 경우 매체 대행 수수료만큼 광고 비용을 절감할 수 있어 광고주들은 직거래를 선호하는 편이다. 타매체와는 달리 직거래가 쉬울 뿐만 아니라 광고 진행에 있어서 회사에 좀더 현실적인 이득을 가져다 주기도 한다. 광고주는 광고 대행사 핸들링 업무 이외에 옥외 광고 광고 영업 담당자들을 별로도 직접 관리함으로써 좀더 긍정적인 커뮤니케이션 활동을 진행할 필요가 있다.

1) 연 예산 대비 매월 운영 전략 수립

옥외 광고는 광고의 효과도 부문에서 즉각적인 단기 효과를 얻기

보다는 장기적인 차원에서 꾸준한 인지도 유지를 목적으로 진행하
는 광고다. 사세 과시의 성격이 크기 때문에 실무자 선에서 결정되
기보다는 통상적으로 임원들의 결정에 좌우되기도 한다. 옥외 광고
집행에 있어 연 예산 대비 운영 전략을 세워야 하겠지만, 무엇보다
도 담당자와 임원의 소신 있는 결단력이 없으면 진행하기가 어려운
매체이다.

2) 매체별 모니터링 및 조사

옥외 광고의 모니터링이라 함은 실제로 운영되고 있는 옥외 광고
의 직접 실사를 말한다. 옥외 광고는 미디어 매체를 통해서 진행되
는 광고가 아니기 때문에 옥외 광고가 게재되는 현장에 직접 가서
실사하기 전에는 확인할 길이 없다. 물론 거래하는 옥외 광고회사
에서 월간 모니터링 자료를 정리한 보고서를 제출하지만 직접 실사
만큼 정확한 모니터링은 없다.

현장 실사 때에는 회사가 가지고 있는 옥외 광고물 모니터링 외
에도, 경쟁사나 관련업종회사 그리고 옥외 광고회사들이 가지고 있
는 옥외 광고물의 디자인이나 문구, 옥외물 실정 등을 관찰하여 정
리해 놓는 것이 필요하다. 실사시 옥외물에 조금이라도 이상한 점
이 발견되었다면 즉시 해당 옥외 광고회사에 연락해 시정 조치를
시키고 정상적인 옥외물의 상태로 운영되도록 유도한다. 수시로 체
크하는 것만이 옥외 광고물의 최적 상태를 유지하면서 운영할 수

있는 길이다.

3) 광고 영업 담당 대응

옥외 광고 영업 담당자들은 비즈니스 세계의 갑과 을의 관계에서 철저한 을의 입장에 있다. 대부분의 옥외 광고회사는 개인별 사업체로 구성되어 있어서, 옥외 광고물 물건당 개인 인센티브제에 따라 개인별 연봉이 결정된다. 따라서 옥외 광고 영업 담당자는 다른 기타 매체 광고 담당자들과는 다르게 철저하게 클라이언트를 관리한다. 광고주는 옥외 광고 영업 담당자들이 아무리 을이라 하더라도 단순하게 영업 담당자라는 생각으로 접근하면 여러 가지 좋은 옵션을 놓치는 실수를 범하게 된다. 따라서 개인적인 커뮤니케이션 능력을 바탕으로 광고 영업 담당자와 밀접한 관계를 유지한다면 좋은 위치의 옥외 광고물을 보다 먼저 계약할 수 있는 기회를 얻거나, 경쟁사 옥외 광고물 현황 등의 좋은 정보를 제공받아 효율적인 광고 집행이 가능하도록 도움받을 수 있다.

4) 관련 자료 문서 보관 및 정리(수시 점검)

옥외물 관리 보고 양식은 내부 옥외 광고물 관리와 함께 옥외 광고물 시장의 데이터 실사 자료가 된다. 옥외 광고회사를 통해 전달받는 월간 모니터링 자료와 함께 직접 실사를 통해 작성된 내부 모

니터링 자료를 체계적으로 정리하여 차후 옥외 광고 전략시 중요
데이터로 활용한다.

제10장
광고주 업무의 실제 2
– 광고매체 기획과 제작 –

1. 기업체 광고 업무 매뉴얼의 예

1. 광고매체 기획

광고매체 기획이란 마케팅 목표를 이루기 위한 광고매체의 총체
적 활용법이다. 이는 방송매체의 시간과 인쇄매체의 지면 이용에
따른 효과적인 광고 효율을 위한 일련의 기획과 집행 과정을 말한
다. 기획은 '광고 비용 대비 광고 효과를 얼마나 극대화시킬 것인
가' 라는 명제를 고려해 광고매체를 적절하게 선별하여 진행하는 것
이다. 광고매체 기획은 광고 기획이나 마케팅 기획의 하부 계획이
기에 이 두 가지 기획의 틀 안에서 형성되어야 보다 효율적인 결과
를 가져온다.

1) 광고매체 기획의 수립 과정

① 광고 목표

광고매체 기획의 목표란 매체의 목적을 의미한다. 마케팅 목표를 선두로 보다 적극적이고 행동 지향적으로 마케팅 목표에 부합하는 긍정적인 결과를 가져오는 것이다. 이는 높은 소비자 인지율을 얻기 위해, 효과적으로 미디어 믹스를 활용한 마케팅 활동이 타겟에게 노출되도록 하는 것이다.

● 마케팅 목표: 가장 기본적인 목표 반영으로 제품 인지도, 브랜드 인지도 등을 고려한 전반적인 사항이다.

● 마케팅 조사: HRC · Lee's PR · TNS · AGB닐슨 등 시장과 소비자를 규정짓는 데 도움을 주는 자료를 활용하거나, 광고 대행사 내부 마케팅부서 자료를 참고하기도 한다.

② 광고 전략

광고매체 전략이란 적절한 매체를 선정하고 미디어 믹스와 함께 광고 집행의 시기를 결정하는 일련의 과정이다. 방송 광고 · 인쇄 광고 · 온라인 광고 등을 스팟성 · 월별 · 분기별 · 판촉행사별 · 계절별로 구분하여 마케팅 전략에 따라 적절하게 진행한다. 마케팅 전략 비용을 연간 홍보 예산 대비 예산 기준으로 적절하게 구성하여 방송 광고·인쇄 광고·온라인 광고 등에 적절히 조율한다.

③ 광고 집행

광고 집행은 기업의 규모나 책정 예산에 따라서 알맞게 집행된다. 연속형 광고 집행은 마케팅 목표에 따라 광고 캠페인 기간 동안 일정 수준의 광고를 지속적으로 진행하는 것이다. 매일·매주·매달의 기간 동안 중단없이 연속적으로 광고를 집행하는 것을 말한다. 규칙적 파동형 광고 집행은 광고의 집행을 마케팅 기획에 따라 일정한 간격을 두고 집행하는 것이다. 불규칙적 파동형 광고 집행은 광고 캠페인 기간 동안 집행 규모를 최소로 하면서 광고매체량을 서로 다르게 배분하는 것이다. 집중형 광고 집행이란 말 그대로 광고 집행을 특정 기간에 집중하는 것을 말한다. 이 전략은 김치냉장고·에어컨·온풍기와 같이 특정 시기에만 판매되는 계절성 제품에 많이 사용된다. 신제품 런칭이나 원활한 판촉 이벤트 등 단기간에 소비자의 눈과 귀를 사로잡을 필요가 있는 경우에도 활용된다.

● 방송 광고

방송 광고는 광고의 On-Air 시기가 결정된 후 광고 집행 비용과 함께 방송사별 프로그램 청약을 실시하는 것으로부터 시작된다. 방송 광고의 청약은 보통 광고 대행사를 통해서 진행된다. 기업의 광고 담당자는 광고 대행사가 청약한 내역을 토대로 일명 옵션이라는 필수 옵션 광고물을 최소한으로 붙이고 MBC·KBS·SBS 메인 프로그램을 위주로 매체 구입을 유도하여 진행해야 한다. SSA급과 B급을 적절히 매치시켜 구성하고, 지방방송이나 라디오방송 옵션을 최소화하도록 전략안을 구성해야 한다.

● 인쇄 광고

인쇄 광고는 광고 집행 시기가 결정된 후 매체별로 특성을 살려 지면 확보를 보장받아야 한다. 구독율이 높은 조선일보·중앙일보·동아일보를 위주로 광고를 진행할 것인지, 아니면 경제지나 기타지가 적절하게 혼합된 형식으로 진행해야 하는 것인지 상황에 맞추어 진행하는 편이 좋다. 매체사 입장에서 볼 때 일간지는 구독율이나 점유율과 상관없이 모든 매체의 독자(소비자) 영향력이 똑같다고 인식하는 경향이 있다. 따라서 대다수 기업의 광고 담당자들은 조선일보·중앙일보·동아일보 외의 기타지들을 내부 원칙 기준하에서 적절히 진행하는 것이 좋다. 조선일보·중앙일보·동아일보는 제품 판매에 따른 매출 확대를 목적으로, 경제지는 IR과 업계 홍보용으로, 기타지는 매체 진행의 균형을 목적으로 한다.

● 온라인 광고

온라인 광고는 one to one 마케팅이 가능한 매체이다. 데이터를 통한 매체 선별이 용이한 사이트를 활용한다. 성별·연령층·소득 수준 등의 타겟별 마케팅을 진행하거나 특정 위치, 특정 시간대로 집중 집행하는 집중형 광고 집행 전략을 펼치면 좋다. 다만 온라인 광고는 광고 본연의 목적성보다는 구매 유도에 따른 매출 증가가 더욱 빛을 보는 광고이기 때문에 제품 담당자와 영업 조직과의 협의가 필수적이다.

2) 광고 운영

① 광고의 전략이 수립되었다면 이제부터는 전술적인 측면을 고려하여 광고 운영을 위한 본격적인 행동을 취할 시기이다. 광고의 전술이라고 해서 구체적으로 명시된 광고 운영안이 있는 것은 아니다. 그러나 기업의 광고부서나 마케팅부서에서 일반적으로 통용되고 있는 사항들이 담당자들의 전술 수립 과정을 매끄럽게 한다.

● 무엇을 광고할 것인가?

'주요한 제품은 무엇인가?, 그들 제품의 주요 요소는 무엇인가? 그리고 기업 이미지의 주요 요소는 무엇인가?' 에 대해서 단계별로 고민한다.

● 2차적으로 무엇을 광고할 것인가?

'2차적 광고 제품이 무엇인가?' 를 고민하면서 부차적인 판매 포인트와 함께 제품에 대한 기업의 전반적인 배경 요소를 고려한다.

● 중요하다고 생각되는 제안 요소는 무엇인가?

'카피를 비롯한 문자상으로 충분하게 표현되었는가? 일러스트레이션이 필요한 것인가? 컬러와 톤&매너는 적당한가? 그리고 전체적인 광고면의 움직임은 어떤한가?' 등을 단계별로 고려한다.

● 광고의 스토리를 어떻게 할 것인가?

광고물을 표현하는 데 있어 광고의 길이는 어느 정도가 적당한지를 확인하고, 스토리보드상의 광고 시퀀스와 화면상에서의 시퀀스는 서로 어떠한 차이를 가지고 있는지 적절하게 고려한다.

② 광고 전술이 수립되었다면 이제는 최적의 매체를 선정하는 일만 남았다. 매체 선정은 소비자들과 대면하는 광고 전략의 마지막 단계이며 주요 집행 수단이다. 매체 선정을 어떻게 하는가에 따라 광고 효율이 좌우되는 만큼 신중하고도 명확한 분석을 토대로 집행해야 한다.

● 주요 매체는 무엇인가?

'방송매체(TV · 라디오) → 인쇄매체(신문 · 잡지) → 기타 광고매체(옥외 광고 · 교통 광고 · 극장 광고 · DM · POP 광고 등) → 판매 촉진 매체(패키지 · 사보 · 설명서 · 카탈로그 · 쇼룸 등)'를 단계별로 고려한다.

● 개개의 매체 타입은 어떤 것이 좋은가?

'선택적인가, 대중적인가? → 소비자 업계·산업·전문가를 대상으로 하는가? → 수직적 혹은 수평적인 도달이 필요한 것인가? → 전국매체인가, 지방매체인가? → 연령별·성별·소득별·시청자별로 구분했을 때 어떠한가?' 등을 고려한다.

● 매체 비용이 얼마인가?

인쇄매체에서는 광고를 크기상으로, 방송매체에서는 광고를 시간량으로 검토해서, 옥외 광고나 전시회 등에서는 이용하는 면적을 고려하여 매체 비용을 책정한다.

③ 이밖에 매체의 광고 노출 빈도와 매체의 믹스를 어떻게 효율적으로 하는 것이 좋을지 고려하고, 매체 각각이 가진 주의해야 할 특성들은 무엇인지 잘 확인하여 매체 집행에 있어 높은 광고 효율성을 이끌어야 한다.

3) 광고 예산

① 광고 예산이란

'어느 정도 규모의 광고비 재원을 사용할 것인가'라는 전략적인 기획의 결정 사항이다. 예산이란 회사의 브랜드나 마케팅, 판매 목표 등을 달성하기 위한 필수 요소이다. 적은 예산과 의욕적인 목표가 상호 보완적일 수는 없는 것이며, 미미한 목표를 위해 막대한 예산을 쓰는 것도 용납될 수 없다. 목표와 예산과의 관계는 상호 협력을 바탕으로 집행되며, 명확한 마케팅 목표를 실현시키는 데 필요한 결정적 요소이다.

② 광고 예산 책정

광고 예산의 책정에는 판매 비율법과 경쟁사 대항법이 주로 활용된다. 판매 비율법은 광고 예산의 목표 판매액에 일정율을 곱함으로써 결정된다. 광고 목적 달성을 위한 광고 예산의 크기는 해당 제품의 직접적인 판매액에 달려 있다. 판매가 증가하면 광고 예산도 증가되지만, 판매가 감소되면 예산 또한 축소 운영된다. 제조업비와 유통비를 결정하고 난 후, 이 비용들과 판매 가격과의 차액을 마진으로 활용한다. 마진은 광고·프로모션·이윤으로 쓸 수 있는 비용으로, 마진이 적다는 것은 마진의 전체 비율에서 광고의 할당이 점점 적어지고 있다는 의미를 뜻한다.

경쟁사 대항법은 경쟁사나 관계회사의 광고비 지출 규모에 따라 예산을 책정하는 것이다. 매출 규모나 시장 점유율이 비슷한 경쟁사가 지출하는 광고비와 비슷하게 맞추어 광고 예산을 책정하여 효과를 기대하는 방법이다. 이 경우 경쟁사의 광고 예산과 같을 필요는 없지만, 상황에 따라서는 경쟁사보다 시장 점유율이 낮거나, 브랜드 인지도가 미약할 경우 이를 높이는 수단으로서 경쟁사보다 더 많은 광고비를 책정하여 집행하기도 한다. 즉 광고비를 증가시키면 판매나 시장 점유율이 자연스럽게 증가될 것이라는 가정하에 진행되는 방식이다.

  판매 비율법이나 경쟁사 대항법처럼 광고 예산 책정에 있어서 전략이 존재하고 있지만 실제로는 사용되지 않는다. 주어진 현실과 실제 상황에 따라서 광고의 규모는 수시로 바뀔 수 있기 때문이다. 예를 들어 판촉 이벤트 광고를 스팟성으로 진행한다고 가정할 때, 충분하지 않은 광고 예산이 책정되었을 경우 신규 광고물을 제작하기보다는 기존에 진행중인 광고물 소재를 적절하게 수정·보완하여 활용하기도 한다.

③ 광고 예산시 고려사항

● 예산의 총액은 어떠한가?

'광고비 총액(금년도·내년도) → 매출에 대한 비용(금년도·내년도) → 수익에 대한 비율(금년도·내년도)'을 단계별로 고려한다.

● 예산의 배분

'매체간 비율은 어떠한가? → 제품별 비율은 어떠한가? → 기타 사항 별로는 어떠한가?(매체비·광고모델비·제작비)' 등을 고려한다.

● 광고비의 절감 정도의 추정

'통상적인 디스카운트 → 제작비 절감(보다 싼 자재라든가 광고의 반복에서 얻어지는 것) → 매체 변경에 따른 절감 → 집중에 따른 절감(여러 종류의 상품을 동일 매체를 통하여 광고하고 복수 광고를 실시 할 때 집중 광고에 따르는 광고비의 절감분)' 등을 참고하여 제작비 절감사항을 체크한다.

2. 광고 제작

광고 제작 과정은 일반적으로 '기획-목표-전략-집행'의 순으로 이루어진다. 어떻게 광고를 만들 것인지에 대해서 홍보부서의 광고적인 시각과 마케팅 담당자의 의견, 영업 담당자와의 연계성을 모두 수렴하여, 광고 대행사 담당자들과 충분한 회의를 거친 후 제작에 들어간다. 제작은 통상적으로 인쇄 광고의 경우 일주일 혹은 민감한 제작물의 경우 보름 정도의 시간을 두고 수정 및 보완을 통해 제작물을 완성시킨다. 방송 광고의 경우에는 촬영과 편집, 심의 등 일련의 광고 제작 과정이 진행되며, 약 한 달간의 기간이 소요된다. 광고 제작물은 광고 대행사 AE의 기획력과 제작부서의 능력에 따라 퀄리티가 천차만별로 나온다. 따라서 광고 제작의 과정을 광고 대행사에만 일임하지 말고 담당자 스스로 적극적인 참여를 바탕으로 핸들링 업무를 수행해야 한다. 한편, 광고 제작에는 시간 관리가 중요하다. 마감 시간에 쫓겨 어쩔 수 없이 제작된 광고 제작물은 광고 집행을 하지 않은 것만도 못하기 때문에 신중의 신중을 거쳐 광고물을 제작해야 한다.

1) 방송 광고

　방송 광고는 기업 **PR**, 브랜드광고, 제품 광고 등 규모가 큰 캠페인성 광고가 주를 이룬다. 따라서 여타 다른 매체와 비교되지 않을 정도로 비용이 비싸다. 방송 광고는 소비자를 대상으로 광고하는 마케팅의 기본 수단이기에 단순한 이미지성 배열보다는 다양한 기술과 첨단 그래픽이 동원된 기법들을 사용하여 소비자의 시선을 잡을 수 있도록 제작된다. 그리고 배경음악이나 슬로건, 징글 등의 소구점을 활용하여 광고를 특화시킨다.

　기본적으로 **TV** 광고와 케이블 **TV** 광고는 동일하다. 물론 케이블 **TV** 광고만을 단독으로 제작하여 마케팅 활동을 펼칠 수 있지만 현실은 그렇지 못하다. 통상적으로 **TV** 광고는 3억원선, 케이블 **TV** 광고는 2억원선의 제작비가 든다. 요즘의 추세는 광고 제작비 절

→ 가상 schedule

1일째	제작 오더	11일째	2차 Storyboard	21일째	NTC/EDIT
2일째	제작회의(대행사)	12일째	대행사 PPM	22일째	2D 3D Words
3일째	진행	13일째	PPM – 2D, 3D 발주	23일째	진행
4일째	진행	14일째	세트 발주	24일째	진행
5일째	진행	15일째	진행	25일째	진행
6일째	진행	16일째	최종 콘티회의	26일째	진행
7일째	1차 Storyboard	17일째	진행	27일째	Recording
8일째	진행	18일째	촬영 준비/스텝회의	28일째	1차 심의
9일째	진행	19일째	진행	29일재	진행
10일째	진행	20일째	Shooting	30일째	심의 결과 확인

감을 위해 두세 가지 광고 시리즈를 한번에 찍어 마케팅 활동을 펼치는 경우도 있으나, 이 역시 만만치 않은 비용이 발생하기에 신중한 선택이 요구된다.

2) 인쇄 광고

기업 PR, 브랜드 광고, 제품 광고 등의 캠페인성 광고와 개별 품목별 광고가 주요 광고 소재 대상군이다. 방송 광고와 함께 진행하기도 하지만, 단독 광고로 집행되어 충분한 효과를 얻을 수 있는 광고이다. 구성 이미지와 카피에 따라서 다양한 제작물이 나오며, 보다 효과적인 광고 효과를 얻기 위해서는 시리즈별이나 캠페인성으로 광고를 기획 제작하여 진행하기도 한다.

→ 가상 schedule

1일째	제작 오더	7일째	2차 시안 제시 및 촬영 발주
2일째	대행사 내부 제작회의	8일째	촬영
3일째	진행	9일째	원고 작업
4일째	진행	10일째	진행
5일째	진행	11일째	교정
6일째	1차 시안 제시	12일째	필름 출고

3) 온라인 광고

온라인 광고에서는 주로 스팟성 판촉 광고를 다룬다. 강렬하면서 원색적이고, 직접적인 표현 메시지로 네티즌들의 클릭을 유도하는 특색 있는 제작물을 만들어야 한다. 광고의 구성이나 이미지와 카피에 있어서 방송 광고와 인쇄 광고만큼 제약이 있는 것은 아니나, 판촉 방향에 따라 직간접적인 다양한 표현법을 동원하여 진행한다.

→ 가상 schedule

1일째	제작 오더	11일째	진행
2일째	대행사 내부 제작회의	12일째	진행
3일째	진행	13일째	진행
4일째	진행	14일째	Variation(사이트별 프로그래밍)
5일째	진행	15일째	진행
6일째	진행	16일째	진행
7일째	1차 Story board 제시	17일째	진행
8일째	2차 Story board 제시	18일째	진행
9일째	원고 작업	19일째	매체사 data 출고
10일째	진행	20일째	운행 체크

4) 제작물 Check

제작물의 체크에는 일정한 관행이나 규칙이 있는 것이 아니다. 완료될 때까지 수시로 체크하고 점검하면서 효율적인 시간 관리를 바탕으로 원만한 제작물의 완성을 이끌어야 한다. 경우에 따라서 광고물 제작의 키맨을 광고 대행사 AE로만 한정시킬 것이 아니라 제작 담당자와도 연락을 취해 제작물 제작에 만전을 다해야 한다.

제11장
PR과 MPR

1. PR—MPR

PR의 개념은 확장되고 발전해 가는 과정에 있기 때문에 PR의 정의를 한마디로 내리기는 어렵다. 이 장에서는 PR의 행위자를 기업에 국한시켜 기업에서 외치는 PR의 개념과 기업이 마케팅 목표 달성을 위해 펼치는 일련의 PR 커뮤니케이션 과정에 대해서 알아보고자 한다.

1) PR

PR(Public Relations)은 'Public+Relations'의 합성어이다. 기업과 다양한 이해 관계자 사이에 긍정적인 이해 관계를 구축하기 위해 활용되는 일종의 마케팅 커뮤니케이션 도구이다. 기업과 소비자 간의 이해 · 용인 · 상호 커뮤니케이션을 위한 도구로 기업의 제품과 리더십 · 고객 관계 · 윤리 실천 · 사회적 책임 · 구성원 관계 · 수수

약속 등 일련의 기업 행위에 따르는 기업 이미지를 전달하는 것으로서 'Public+Relations+Mutual+Between'으로 표기하기도 한다.

효과적인 PR을 위해서 기업은 조직의 종업원과 주주를 비롯하여 정부·소비자·공중 그리고 민간 운동단체 등의 다양한 이해 관계자를 대상으로 노력한다. 마케팅 커뮤니케이션의 다른 도구들과 함께 IMC 활동을 펼친다면 PR 행위에 있어서 보다 긍정적인 효과를 거둘 수가 있다. 즉 커뮤니케이션의 또 다른 촉진 믹스 요소인 광고, 판매 촉진, 인적 판매 등과 통합하여 실행된다면, PR은 기업의 제품에 대한 호의적 태도 형성과 브랜드 인지도 증가, 그리고 구매 행동 촉진 등에 기여하여 긍정적인 결과를 가져온다.

기업에서의 PR 활동은 다양한 이해 관계자에게 기업에 대한 인식 태도를 변화시킬 목적으로 진행되었다. 특정 제품 촉진 활동이나 소비자에게 제품의 구매 행동을 유발하기도 한다. 따라서 기업의 PR 활동은 조직 내부의 PR 담당부서에서부터 마케팅 부서에서까지 각각 독립적으로 수행되어 왔다. 그러나 IMC와 함께 촉진 믹스 요소들을 통합적으로 관리하는 추세에 따라 PR 담당부서와 마케팅부서는 서로 긴밀한 협조 관계를 구축하고 있다.

2) MPR

마케팅 PR(marketing public relations: MPR)은 기업의 마케팅 목표를 지원하기 위해 설계된 PR 활동을 말한다. 기업의 이미지와 인지도를 높이는 PR의 전통적인 목적에서 벗어나, 제품 판매 전략과 PR을 서로 융합시켜 기업의 이익 창출을 가져다 주는 일련의 마케팅 과정의 하나이다.

마케팅 PR이라는 개념은 미국 노스웨스턴대학의 해리스(Thomas L. Harris) 교수에 의해서 체계적으로 정리되었다. 해리스는 1992년 〈Marketer's Guide to PR〉이라는 책에서 "마케팅 PR은 회사와 그 회사의 제품을 소비자의 필요 · 요구 · 관심 · 흥미 등에 맞춘 생각과 정보의 신뢰할 수 있는 전달을 통해 소비자의 구매와 만족을 높이는 프로그램들을 계획 · 실행 · 평가하는 과정이다"라고 규정하고 있다.

MPR은 마케팅 과정에서 소비자에게 실질적인 영향을 미치는 데 목적이 있다. 4P의 요소 가운데 특히 프로모션 부문을 지원하여 제품 판매에 도움이 되도록 도와준다. MPR로 성취할 수 있는 마케팅 목표는 브랜드 인지도의 제고, 기업과 제품에 대한 긍정적 이해도 유도, 신뢰도 구축, 소비자에게 제품 구매의 촉매 제공, 소비자에게 제품 정보 전달, 소비자 만족도를 높이기 위한 동기 부여 등이 있다.

MPR은 기업의 마케팅 목표인 판매 촉진을 위해 PR을 적극적으로 활용한다. 신제품 출시 행사를 갖거나 제품 발표회, 경영층 설명회, 퍼블리시티 등의 커뮤니케이션 도구들이 그 예이다. 또한 MPR은 경쟁사의 위협이나 소비자 태도의 변화 등 기업에게 부정적인 영향을 미치는 현상에 대한 위기 관리의 수단으로 사용되기도 한

다. 기업과 브랜드의 명성을 회복하거나 상실한 매출을 회복하고,
제품의 시장 잠식을 방지한다.

2. MPR 전략

신호창(2001)은 MPR 전략을 "PR이 그러하듯이 다양한 집단을
타겟으로 정치·사회·문화·지리적 상황을 고려하여 만들어지며
소비자 공중으로 하여금 물건을 구매하거나 서비스를 이용할 수밖
에 없는 상황을 조성하는 전략"이라고 설명한다. 따라서 소비자의
개인적 욕구를 소구하는 마케팅 전략과는 다르게 접근해야 한다.
조계현의 《PR 실천론》과 신호창의 "MPR은 고도의 사회과학적 경
영 전략"을 중심으로 MPR 전략을 더 살펴보고자 한다.

1) 신상품 MPR 전략

신상품 마케팅은 제품의 생애 주기 가운데서 소비자에게 가장 큰
관심을 불러일으킬 수 있는 기회다. 따라서 최상의 효과를 거두기
위해서는 IMC 커뮤니케이션의 도구들을 총체적으로 충분하게 활
용해야 한다. 신상품 마케팅에 있어서는 광고보다 PR이 우선이다.
광고가 시작되면 해당 제품은 더 이상 새로운 뉴스거리가 아니기
때문이다. 여론의 주목을 받을 수 있는 스페셜 이벤트를 통해 관계

자나 기자들에게 강렬한 인상을 남기는 방법이 있다.

2) 구상품 되살리기 전략

'상품은 라이프 사이클에 의해서 일정한 궤도를 타고, 공략할 시장 역시 일정하다'라는 생각은 마케팅 담당자들이 가장 범하기 쉬운 실수 가운데 하나다. 구상품을 재부상시키기 위한 **MPR** 방법들은 주변에 널려 있다. 제품의 효능에 대한 연구를 마케팅 차원에서 의도적으로 지원하는 방법이나, 주요 시장의 공략과 동시에 제2의 시장을 공략하는 방법, 상품의 이미지를 새롭게 포지셔닝하는 방법 등이 그 예이다. 스포츠를 통한 마케팅이나 각종 이벤트에 프로모션하는 것도 좋다.

3) 소비자를 친구로 만드는 전략

기업은 소비자를 제품 판매의 대상이 아니라 친구나 동행자로 인식해야 한다. 친구가 된 소비자는 평생 고객이 될 뿐만 아니라 가장 유능한 구전 판촉사원의 역할까지도 수행하기 때문이다. 이를 위해서는 공장 견학이나 제품 시연회, 소비자 교육 등의 활동이나 소비자 동호회 지원, **VIP** 관리 등의 방법이 동원된다.

4) 대변인 MPR 전략

실존 인물이나 가상 인물을 내세워 제품 브랜드의 잠재적인 마케팅 효과를 창출하는 전략이다. 대중들에게 친숙하며 언론의 주목율이 높은 실존 명사나 가상의 캐릭터들을 활용한다. 예를 들어 빌 게이츠(Bill Gates) · 말콤 포브스(Malcolm Forbes) 등이 전자라면, KFC나 맥도널드(McDonalds)의 마스코트 등은 후자이다.

5) 위기를 제2의 기회로 만드는 전략

기업이 위기 상황에 봉착했을 때 오히려 브랜드를 형성하고 브랜드를 지키기 위해 사용되는 MPR 전략이다. 위기는 곧 기회라고 한다. 조직의 위기는 기업의 운명을 절망적으로 몰고 가지만, 이와 반대로 효과적으로 대처하면 호기로 바꿀 수 있다. 불량제품 발생이나 제품으로 인한 상해 피해 사례, 소비자 불만의 고조 등에 직면했을 때 기업은 위기와 함께 기막힌 마케팅의 기회를 얻기도 한다.

6) 사이코그래픽스 DB MPR 전략

마케팅 DB는 나이 · 성별 · 교육 등의 인구 통계의 데모그래픽스(demographics)와 생활 양식이나 소비 패턴을 바탕으로 하는 사이코그래픽스(psychographics)에 바탕을 둔다. 데모그래픽스는 소비자의 즉각적인 판매 촉진을 이끌어 내기 위한 직접 마케팅 차원의 DB 활용인 반면, 사이코그래픽스는 MPR 차원에서 DB를 활용한다. 기업과 소비자와의 유대 관계 형성에 의한 브랜드 가치 형성, 정보 제공, 이해도 증진, 신뢰 형성, 구매 동기 부여 등이 가능한 장기적인 마케팅 전략이다.

7) 관계 마케팅 MPR

관계 마케팅이란 기업이 소비자에게 친근한 존재가 되도록 지속적인 관계를 형성하고 유지하는 마케팅 전략이다. 기업이 기업 시민으로서 소비자 공중의 사회적 가치 만족을 달성시키는 것이다. 고객과의 상호 작용을 바탕으로 하는 관계 마케팅은 IMC의 대표적인 전략이기도 하다. 관계 마케팅의 방법에는 기업이 소비자에게 가치 있는 정보를 제공하거나, 공공 서비스를 제공하고 후원하기도하며, 사회 문제에 적극적으로 나서서 해결하는 등 다양한 방법이 있다.

8) 전략적 사회 공헌 활동

기업이 사회 공헌 활동이나 자선 활동을 사회 문제와 접목시켜 활용하게 되면 기업은 그 가치가 높아지고 신뢰도가 크게 향상된다. 제품 구입시 일반적으로 소비자들은 제품의 가격과 품질이 비

숫하다면 긍정적인 이미지의 브랜드나 구입처를 선택하려는 경향
이 있다. 이처럼 소비자의 구매 성향을 소구하는 마케팅을 공익과
관련된 마케팅 혹은 대의명분 마케팅이라 한다. 이미지 마케팅과
사회 마케팅, 라이프스타일 마케팅 등과 함께 펼치기도 한다.

3. PR의 커뮤니케이션 도구

1) 퍼블리시티

퍼블리시티(publicity)란 기업이나 브랜드와 관련된 정보가 비용을
지불하지 않고 방송매체나 인쇄매체를 통해 공중에게 전달되는 것
을 말한다. 퍼블리시티와 PR이 같은 의미로 사용되는 경우도 있지
만, 퍼블리시티는 PR을 위한 커뮤니케이션의 도구이다. 일반적으
로 퍼블리시티는 소비자에게 높은 신뢰성을 제공하고, 신속한 구전
효과를 가져오는 장점이 있다. 하지만 전달되는 정보의 전달 시기
나 정확성 등을 통제하기 어려운 단점이 있다. 퍼블리시티는 확산
속도가 빠르기에 부정적인 내용일 경우 기업에 치명적인 타격을 줄
수 있다.

퍼블리시티는 보통 단기적인 목표 수행을 위해 실행된다. 퍼블리
시티 활동의 목적은 기업의 제품이나 브랜드에 대한 긍정적인 기사
게재를 유도하며, 부정적인 기사의 게재를 예방하거나 그 영향을

감소시키는 데 있다. 언론매체를 통해서 게재되는 기사들은 퍼블리시티 활동에 의한 결과물이다. 다만 기업의 퍼블리시티 담당자가 아니라 언론사 기자들의 결정에 따라 기사가 게재된다는 점이다. 기업의 모든 마케팅 활동은 PR 활동처럼 기업이 주체가 되어 주도적으로 기획하고 실행하지만, 퍼블리시티의 경우는 퍼블리시티 제작 과정에만 관여할 뿐 실현 여부는 언론사의 몫으로 남겨진다. 따라서 퍼블리시티 담당자는 언론사 기자들과의 호의적인 인간 관계를 유지해야 한다. 개인적이든지 사적이든지 친밀한 관계 유지를 바탕으로 효율적인 커뮤니케이션 활동을 펼쳐 기사가 게재될 수 있도록 기자들을 설득해야 한다.

2) 기업 광고와 PPL

① 기업 광고

기업 광고의 목적은 기업이 소비자들에게 기업이나 브랜드에 대한 긍정적인 이미지를 형성시키고, 사회적으로나 환경적인 이슈에 대해 기업의 비전이나 철학을 제대로 전달하는 데에 있다. 이러한 성격 때문에 기업 광고를 PR 활동의 하나로 구분하거나 PR의 공통 영역으로 인식하기도 한다. 기업 광고는 일반적으로 소비자에게 제품에 관한 정보를 제공하고 구매를 설득하는 형태의 제품 광고와 기업에 대한 소비자의 호의적 의견과 태도를 유도하는 형태의 기업 광고로 구분한다.

보도 자료 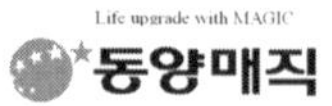

동양매직, 신개념 식기세척기 '클림(Climm)' 출시

주방문화에 혁명의 바람이 불고 있다.

주방 생활 시간과 설치 공간의 굴레에서 벗어나 웰빙 생활이 접목된 주방 문화 트렌드. 주부들의 유토피아를 현실화시킨 제품이 있어 눈길을 끌고 있다. 동양매직(www.magic.co.kr, 대표: ○○○)에서 8월 15일 출시한 **매직식기세 척기 '클림(Climm)'** (모델명: DWA-0602S)이 바로 그것이다.

매직식기세척기 **'클림(Climm)'** 은 깨끗함과 위생을 나타내는 **'Clean'** 과 심 플한 디자인에 설치가 쉬운 의미의 **'Slim'** 이 결합된 동양매직의 컴팩트형 식 기세척기를 총칭하는 네이밍.

8월 15일 광복절을 맞아 **'주부들을 설거지로부터 해방시키자'** 라는 취지로 탄생한 클림(Climm)은 동양매직이 내수위축 타개를 위해 심혈을 기울여 개발 한 제품이다. 경제가 어려울수록 합리적인 가격에 뛰어난 성능의 제품을 선호 하는 소비자들의 Needs를 맞춘 클림(Climm). 1993년부터 12년간 식기세척기 시장을 선도(국내 식기세척기 최초 도입, 한국형 식기세척기 개발 등)한 동양매 직이 클림을 통해 주방문화의 새로운 트랜드를 제시하고 있는 것이다.

동양매직은 **'3S(Slim, Save, Simple) 개념'** 을 도입하여 새로운 청사진을 선 보였다.

첫째, 주방 어디에나 설치가능한 Slim형이다. 소비자들의 욕구를 반영하여 주방 공간 어디에나 식기세척기 설치를 간편히 하고 쉽게 사용할 수 있게 제 작되었다. 공간 절약형 주방 인테리어 디자인으로 조리대의 가로, 세로에 상관 없이 어느 위치에서나 자연스러운 어울림이 연출된다. 특히 상하 개폐형 **Door** 는 사용자 중심의 설치가 가능하게 만들었다. **둘째, 세척 · 보관 · 살균 · 건조 가 한번에 해결되는 Save형이다.** 자유로운 위생과 건강과 세척에서 보관까지

All in one 시스템이다. 셋째, 간단한 조작으로 누구나 사용 가능한 Simple형의 제품이다. 6단계(표준 세척 · 절전 세척 · 조리기구 세척 · 초간편 · 기본 세척) 프로그램을 원터치로 쉽고 간편하게 조작할 수 있도록 표현하였다.

클림(Climm)은 맞벌이 부부나 핵가족 · 독신남녀 · 유아를 보육하는 가정, 재래식 주방을 사용자, 세입자 등에게 그동안 식기세척기의 필요성은 공감하면서도 선뜻 구입을 못했던 고객들의 Needs를 정확하게 찾아냈다는 점에서 주방의 새로운 혁신을 주도한 제품으로 평가할 수 있다. 또한 혼수 선물이나 집들이 선물로도 제격이다.

위기가 곧 기회라 했다. 동양매직은 매직식기세척기 클림(Climm)을 선두주자로 주방 가전 분야의 독보적 기업으로 재도약하고, 식기세척기 시장에서 M/S 1위 자리를 수성한다는 방침이다.

문의
동양매직 홍보GI팀 ○○○ 00-000-0000

2) 자동차 업계의 퍼블리시티의 예

보 도 자 료

한국닛산 주식회사
서울시 강남구 역삼동 000-0
○○○빌딩, 135-987
Phone: 0000-0000
Fax: 0000-0000

인피니티, 차별화된 고객 서비스 시스템
"토탈 오너십 익스피리언스" 선보여

— 이미 인피니티 차량을 구매한 고객에게도 소급해 적용해
— 고객 중심의 서비스, 토탈 오너십 익스피리언스
(Total Ownership Experience)로 기존 수입차 A/S 고객 서비스 시장에서
한발 앞서

서울-한국닛산 주식회사(대표이사 ○○○)가 차별화된 고객 서비스인 '토탈 오너십 익스피리언스(Total Ownership Experience, TOE®)'를 선보이며 수입차 A/S 시장에서 한 걸음 앞서가고 있다.

'토털 오너십 익스피리언스'는 프리미엄 수입 자동차인 인피니티(www. infiniti.co.kr)를 출시한 한국닛산이 최고급 자동차 브랜드로서 입지를 확고히 하고자 내놓은 획기적인 A/S 고객 서비스 시스템. 한국닛산 본사에서 직접 △무상 점검 서비스 및 차량 관리 서비스, △모빌리티 개런티 서비스 △무상 대차 서비스, △일대일 맞춤형 서비스 등의 다양한 혜택을 고객들에게 제공한다.

'△무상점검 서비스 및 차량 관리 서비스'는 3주 또는 1천 km부터 24개월 또는 4만Km까지 기간에 따라서 무상 점검 및 소모성 부품인 엔진오일 · 오일 필터 · 에어 컨디셔너 필터 · 브레이크액 등을 무상으로 교환해 주는 서비스. 와이퍼 블레이드(좌/우/뒤, 2년 또는 4만Km 중 2회) · 에어클리너 · 송풍 시트 필터 · 브레이크 패드(전/후, 2년 또는 4만Km 중 1회)와 같은 특별 부품까지 무상으로 교환해 준다. '△무상 대차 서비스 및 24시간 긴급 서비스'는 신차 보증 기간 내에 서비스 센터에 입고된 차량 수리 시간이 24시간 이상 소요될 경우 무상 대차가 제공되는 것이며, 인피니티 고객 지원센터를 통해 4년 또는 10

만 Km 이내에서 긴급 견인, 타이어 교체, 비상 연료 공급, 비상 시동 서비스를 제공받는다. 또한 예약을 통해 접수되는 '△일대일 맞춤형 서비스'를 통해 고객과 함께 서비스 컨설턴트와 정비사가 차량 점검 및 고객의 궁금한 사항에 대해 친절히 상담해 준다.

무엇보다도 '토털 오너십 익스피리언스' 중 눈에 띄는 것은 '모빌리티 개런티 서비스'이다. 인피니티 구입 고객이 이 기간 동안 집을 기준으로 1백km 또는 그 이상의 거리에서 예기치 않는 문제로 차량 운행이 불가피할 경우, 귀가 시 발생되는 숙박 및 식대 등 모든 비용을 제공하는 인피니티 만의 차별화된 특별 서비스이다.

한편 ㈜한국닛산은 고객 A/S의 서비스 편의를 위해 SS Motors 강남 전시장 내에 인피니티 고객 지원센터(080-010-0123)를 설치했다. 케네스 엔버그 ㈜한국닛산 사장은 "한국의 수준 높은 소비자들에게 서비스센터를 전시장 내에 위치함으로써 단순한 A/S 제공의 수준을 넘어 인피니티만의 차별화된 고객 서비스를 선보이는 것"이라며 "고객 편의를 최고로 염두에 두어, 고객 중심의 진정한 가치를 전달할 것"이라고 말했다.

㈜한국닛산은 향후 고객의 만족도 향상을 위해 적정 수준의 딜러망을 구축해 딜러의 수익성을 보장함과 동시에 서비스 시설 등에 대한 재투자를 통해 고객의 만족도를 높이는 데 주력할 계획이다. 현재 서울 강남, 서울 서초, 부산 등 세 개 지역의 딜러 선정을 마무리했으며, 추가로 분당 지역을 담당할 딜러를 연내에 선정하고, 지난 7월에 오픈한 서울 강남 전시장에 이어 서초 지역과 부산 지역에 전시장 두 곳을 추가로 오픈해 운영할 예정이다.
The Infiniti Total Ownership Experience(TOE®)

무상점검 및 차량관리 서비스
정기 점검 방문 시 추천 점검 항목 및 딜러의 보니스 점검 항목 등 약 서른 개 소의 무상 점검을 실시한다. 2년 또는 4만Km 동안 차량 관리에 필수적인 소모성 전부품을 무상으로 교환하며 차량의 소유권이 이선 되어노 유효하나.

무상 점검 및 무상 교환 소모성 부품

추천 정비시기 및 주행거리(km) 서비스 항목	3주 또는 1,000	6개월 또는 10,000	12개월 또는 20,000	18개월 또는 30,000	24개월 또는 40,000
무상점검	○	○	○	○	○
엔진오일교환		○	○	○	○
오일필터 교환		○	○	○	○
에어 컨디셔너 필터			○		○
브레이크 액					○

특별 무상 교환 부품

와이퍼 불레이드 좌/우/뒤-3	2년 4만 키로 중 2회
에어 클리너 교환	2년 4만 키로 중 1회
송풍 시트 필터교환 (장착된 차종)	
브레이크 패드 전/후	

모빌리티 개런티 서비스

차량 구입 후 4년 또는 10만Km 이내에서 고객이 집으로부터 1백km 또는 그 이상의 거리로 여행 도중 예기치 않은 차량 결함으로 운행이 불가능한 경우, 인피니티 고객 지원센터(080-010-0123)에서는 귀가를 위한 교통편 안내 및 숙박 시설을 안내하며 1인에 한하여 귀가 비용을, 부득이 숙박을 할 경우 1인에 한하여 당일 숙박비 및 익일 조식을 제공한다. 단 사고 차량은 해당되지 않고 소유권이 이전되어도 유효하다.

무상 대차 서비스

신차 보증 기간 내에서 보증 수리 문제로 예약을 하고 구매한 딜러의 서비스 센터에 입고 후 수리 시간이 24시간 이상 소요된다고 판단되는 경우 무상 대차가 제공된다.

24시간 긴급 서비스

인피니티 고객 지원센터는 24시간 고객을 돕기 위해 대기한다. 4년 또는 10만Km 이내에서 무상으로 제공되는 이 서비스에는 긴급 견인, 타이어 교체, 비상 연료 공급, 비상 시동 서비스가 포함되어 있다.

일대일 맞춤형 서비스

인피니티 딜러 또는 인피니티 고객 지원센터의 모든 직원은 인피니티 고객 지원과 서비스에 전력을 다하고 있다. 고객지원을 위해 잘 훈련된 서비스 컨설턴트와 정비사가 고객과 함께 차량을 점검하고 관리한다. 사전 예약시 접수를 위해 대기하는 불편이 없고 서비스 컨설턴트가 고객과 함께 차량을 점검하고 궁금한 내용에 대해 친절히 상담해 준다.

인피니티 보증 수리 기간

신차의 출고일 또는 등록일로부터 적용된다.

— 차제 및 일반 부품: 4년 또는 10만Km 중 먼저 도래한 것.

— 엔진 및 동력 전달 계통 주요 부품: 4년 또는 10만Km 중 먼저 도래한 것.

— 배출가스 정화장치: ECU 및 정화용 촉매(7년 또는 12Km)

                    그외 부품(5년 8만 Km)

문의처

㈜한국닛산 홍보팀 ○○○ 0000-0000

3) 엔터테인먼트 업계(기획사)의 퍼블리시티의 예

SEDONA MEDIA

보도 자료

주식회사 세도나미디어
서울시 강남구 청담동 00-0
○○빌딩, 135-100
Phone: 00-000-0000
Fax: 00-000-0000

단편 영화 〈애가(愛歌)〉, 기자 시사회

— 세도나미디어에서 선보이는 신개념 엔테인먼트 컨텐츠 〈프로젝트 '애가'〉
— 토털 컨버전스형 컨텐츠로 극장이나 인터넷, 케이블 등 다양한 매체 수단 활용
— '발라드계의 프린스' 포지션, '애가' OST와 함께 신규 앨범 발매

2007년 새해초부터 재치있는 티저 홍보로 네티즌들의 궁금증을 불러 일으킨 단편 영화 〈애가(愛歌)〉(제작, 제공: ㈜세도나미디어, 배급: 팬텀 엔터테인먼트, 감독: 차은택, 주연: 전인화·이동건·이유리)가 그 베일을 벗었다.

한동안 베일에 감춰졌던 단편 영화 〈애가(愛歌)〉는 이날 시사회장에서 신개념 문화 트렌드를 지향하는 ㈜세도나미디어가 야심차게 준비한 신개념 엔터테인먼트 컨텐츠인 〈프로젝트 '애가(愛歌)'〉인 것으로 밝혀졌다.

제작사 세도나미디어는 2월 1일 오후 2시 메가박스 신촌점에서 기자 시사회를 열고 단편 영화 〈애가(愛歌)〉와 영화 OST를 공개했다. 이날 시사회에서는 차은택 감독뿐만 아니라 주연배우 전인화·이동건·이유리가 참석하여 무대인사와 포토 타임을 갖고 언론의 뜨거운 취재를 받았다. 이날의 하이라이트는 영화 OST를 맡은 '발라드계의 프린스' POSITION (이하 포지션)의 등장. 〈후회 없는 사랑〉〈너에게〉〈Blue Day〉〈I love you〉〈데스페라도〉 등 팬들의 심금을 울렸던 발라드의 귀재 포지션이 2년여간의 일본 생활을 마치고 단편 영화 〈애가 (愛歌)〉의 OST와 신규 앨범을 가지고 팬들 앞으로 돌아온 것이다.

최고의 '영상물'과 최고의 '음악'을 모토로 출발한 〈프로젝트 '애가(愛歌)'〉는 2006년 1월부터 약 13개월간의 준비 끝에 탄생한 결과물이다. 기획에서 실행에까지 영상과 음악을 분리하여 마케팅하지 않고 서로 융합한 IMC형 토털 컨버전스 컨텐츠이다. 〈프로젝트 '애가(愛歌)'〉의 영상 섹션은 세도나미디어가 제작한 로맨틱 멜로 단편 영화 〈애가(愛歌)〉이며, 음악 섹션은 '발라드계의 프린스' 포지션의 신규 앨범 〈애가(愛歌)〉이다. 음악은 영상의 OST 형태를 띤다. 영화 OST의 형태는 영상과 음악 섹션의 조화로움이 가장 잘 표현되는 토털 컨버전스 컨텐츠의 대표적 수단이기 때문이다. 〈프로젝트 '애가(愛歌)'〉의 공개는 2월 1일부터 전국에 오픈되었다.

CF계의 대부 차은택 감독이 처음으로 메가폰을 잡은 영화로 상영 전부터 네티즌들의 폭발적인 관심을 받았던 단편 영화 〈애가(愛歌)〉는 전인화·이동건·이유리의 초호화 캐스팅을 자랑한다. 죽어가는 동건(이동건 분)을 중심으로 두 자매 인화(전인화 분)와 유리(이유리 분)의 애증 섞인 사랑과 갈등을 담은 영화로서 동건에게 사랑받는 인화와 동건에게 사랑을 주는 유리의 엇갈린 슬픈 사랑의 이야기를 담은 로맨틱 멜로 영화이다.

〈애가(愛歌)〉는 단편 영화 촬영의 틀을 획기적으로 타파했다. 기존의 단편 영화들이 주로 디지 베타 테이프나 8m, 16m 필름 카메라를 사용했다면 〈애가(愛歌)〉는 35mm 필름 카메라를 사용했다. 뮤직비디오와 CF계의 대부가 감독한 만큼 다양하고 다이내믹한 이미지를 프레임 속에  잡고자 RE 카메라를 한 대도 아닌 두 대를 사용하여 많은 장면을 잡아냈다. 단편 영화로는 흔치 않은 일이다. 영화용 필름의 사용은 무려 4만ft를 소비했는데, 60분짜리 디지 베타 테이프 서른 개 분량이다. 차감독과 주연배우를 포함하여 관계자만 2백여 명이 동원된 화려한 스텝진을 자랑한다.

포지션 〈애가(愛歌)〉는 '포시선표 빌라드'를 이룩한

멤버들이 다시 뭉쳤다. 프로듀서 한진우를 비롯하여 작곡가 박해운·황찬희·유정연·안정훈·김건우, 작사가 이승호·강은경·이희승·김태희 등 국내 최정상의 뮤지션들과 함께하여 높은 완성도를 자랑한다. 발라드 타이틀 곡 〈하루〉는 일본의 국민 여가수 'Nakashima Mika(나카시마미카)'가 포지션에게 선물한 그녀의 히트곡 〈사쿠라이로 마우코로〉와 〈히토리〉의 리메이크 곡이다. 일본에서 1백30만 장과 70만 장이라는 경이적인 판매량을 기록한 곡으로 포지션의 목소리가 담긴 자신의 곡을 듣고 싶은 그녀의 애정과 갈망이 담긴 귀한 선물이다. 포지션의 대표적인 히트곡 〈I love you〉와 비슷한 정통 발라드 곡으로서 포지션의 감미로운 음색을 담아 한층 더 서정적인 느낌을 살렸다.

한편 세도나미디어는 이날 영화 전문 사이트인 맥스무비에서 〈애가(愛歌)〉 포스터 감상평 이벤트를 통해 선발된 영화 팬들과 일반인들을 대상으로 무료 상영 이벤트를 펼쳤다. 기자 시사회를 마친 후 오후 5시부터 8시까지 메가박스 2관에서 진행된 행사에는 맥스무비에서 선발된 1백50여 명 이외에도 2백여 명의 관람객들이 운집하는 등 좋은 반응을 보였다. 〈애가(愛歌)〉는 무료 극장 상영 이벤트뿐만 아니라 인터넷 상영, 케이블 채널 상영 등 다양한 매체를 활용해서 방영된다. 많은 영화 팬들이 〈애가(愛歌)〉를 손쉽게 접할 수 있도록 컨텐츠 상영의 수단을 다각화한 것이다. 단편 영화 〈애가(愛歌)〉는 인터넷 사이트 등을 통해서 유료로 감상할 수 있으며, 케이블 채널에서도 2월 초순에 별도 방영된다.

문의

세도나미디어 홍보팀 ○○○ 00-000-0000

4) 엔터테인먼트 업계(제작사)의 퍼블리시티의 예

〈연인〉, SBS 순수 드라마 부문에서
주간 시청률 1위 달려

- 12월 첫 주, AGB 닐슨 미디어 리서치 주간 시청률에서 선두권 형성
- SBS뿐만 아니라, 지상파 순수 드라마 부문에서도 전체 5위 기록해

2006년 서울 ─ SBS 수목 드라마 〈연인〉이 12월 겨울 안방극장을 뜨겁게 달구고 있다. 지난주 미주와 강재의 미주와 강재의 첫 포옹신으로 자체 최고 시청률을 기록한 〈연인〉이 주간 시청률에서도 그 인기를 반영하듯 상승세를 타고 있다.

11일 AGB 닐슨 미디어 리서치에 따르면, SBS 〈연인〉은 SBS 순수 드라마 부문에서 주간 시청률 1위(2006년 12월 3일-12월 10일)에 오르는 기염을 토했다. 전체 프로그램 순위 집계에서도 사극 〈연개소문〉(21.3퍼센트), 쇼프로그램 〈순간포착 세상에 이런 일이〉(20.3퍼센트)에 이은 3위에 오르면서 선두권을 형성하고 있는 것.

지상파 3사의 모든 프로그램에서도 〈연인〉의 시청률 순항은 계속된다. 사극을 제외한 순수 드라마 부문 주간 시청률 집계(2006년 12월 3일-12월 10일)에서 KBS 〈소문난 칠공주〉(39.8퍼센트), KBS 〈열아홉 순정〉(38.8퍼센트), KBS 〈황진이〉(21.9퍼센트), MBC 〈있을 때 잘해〉(20.0퍼센트)에 이어 전체 5위를 기록하고 있다. 또한 〈연인〉은 주말 드라마와 일일 드라마를 제외한 미니시리즈 드라마나 월화 드라마, 수목 드라마 부문에서 MBC 〈주몽〉과 KBS 〈황진이〉에 이어 3위를 달리고 있다. 앞의 두 편이 모두 사극인 점을 감안하면, 순수 드라마로서는 〈연인〉이 가장 좋은 시청률을 보이고 있는 셈이다.

회가 거듭될수록 흥미가 더해지는 〈연인〉. 미주를 사이에 두고 강재와 세연 두 남자가 펼치는 삼각 사랑이 점차 고조되면서 극의 흥미가 더해지고 있다. 사

② PPL

PPL(Product Placement)은 제품 삽입 광고로 기업 협찬과 함께 브랜드의 친숙도를 높이는 주요 PR 수단이다. 기업은 TV나 영화 등 특정 매체의 프로그램에 제품을 제공하여 자연스러운 노출에 의한 인지도 상승 효과를 노린다. 영화나 TV 연속극에서 브랜드명이 그대로 노출되고, 배우들의 대사를 통해 브랜드명이 언급되는 장면을 흔히 볼 수 있다. 기업과 브랜드 그리고 제품이라는 세 가지 요소를 한번에 알릴 수 있어 매우 긍정적인 PR 수단이다.

PPL은 영화나 TV 프로그램의 인기에 따라 그 효과가 좌우된다. 위험 요소가 그만큼 많기 때문에 감독이나 PD, 배우들의 유명세뿐만 아니라 시나리오부터 마케팅 전략까지 신중하게 검토한 다음 결정해야 한다. 2006년 영화계를 예로 든다면 〈방과 후 옥상〉 〈해바라기〉 〈그해 여름〉 〈뚝방전설〉 〈거룩한 계보〉 등은 흥행 성적이 저조하였기 때문에 PPL 참여 기업들은 낙담하였다. 반면에 〈미녀는 괴로워〉 〈타짜〉 〈각설탕〉 〈괴물〉 등의 영화는 소위 말하는 대박을

터트렸기에 PPL 참여 기업들 대다수에게 커다란 만족감을 가져다 주었다. 그렇다고 대박 영화에 PPL 참여를 한 기업의 제품이 베스트셀러가 된다는 보장은 없다. 그리고 한 편의 영화에 제품과 브랜드가 너무 많이 나올 경우 영화를 관람하는 사람들은 심한 거부감을 느끼거나 짜증을 낼 수도 있다.

PPL은 효과를 측정하는 정확한 도구가 없다. 따라서 PPL을 집행하는 기업은 제품 판매와 인지도 제고라는 전략 이외에 PPL을 어떻게 활용할 것인지에 대해 많은 고민을 해야 한다. 체험 마케팅 같은 이벤트를 펼쳐 현장매체와 연계하여 촉진 활동을 전개하는 것도 좋은 대안이 될 수 있다.

협찬 광고는 공공 기관이나 사회 집단의 행사 등에 후원하여 행사가 이루어지는 장소나 프로그램에 기업의 로고나 브랜드를 삽입하여 소비자의 브랜드 인지도를 높이는 광고이다. 최근에는 기업의 협찬 방법도 다양해져서 해외 여행비 제공과 같은 이벤트 후원 행사나 장소 제공, 의상 협찬, 상품 협찬 등을 진행하고 있다. 잘 기획된 협찬 활동은 광고 못지않은 효과를 거둘 수 있다.

3) 체험 마케팅

체험 마케팅은 기존 마케팅의 개념들을 조합한 IMC의 한 형태이다. 슈미트(Schmitt, 1999)에 따르면 마케팅은 1960년대 이후 지나친 과학화와 분야의 세분화에 입각하여 소비자에 대한 인식 또는 접근 방식이 기계적으로 적용되었다. 그러나 소비자는 소비하는 기계가 아니며, 소비자의 관여도 또한 일반적으로 낮은 경우가 다반사다. 따라서 소비자는 이성으로만 의사결정을 하는 것이 아니라 감성으로도 의사결정을 할 수 있으며, 상황에 따라 제품의 사용 동기나 추구하는 혜택이 달라질 수 있다.

① 체험 마케팅

체험 마케팅의 핵심은 목표 설정과 함께 이에 부합되는 마케팅 수단을 결정하는 것이다. 소비자의 오감을 활용하거나, 소비자에게 심층적인 감동과 감정을 어필하는 느낌을 강조하기도 하고, 고정관념을 깨는 창의적인 인지 유발을 유도하는 생각들이 그 예이다. 또한 실제적이고 능동적인 반응을 유도하는 행동(Act)들과 공유 커뮤니티를 조장하여 소속감을 유발하는 방법도 있다. 공간 환경을 활용해도 좋다. 건물이나 주변의 조경, 점포 내 인테리어나 공간 등을 활용하여 좋은 느낌을 유도하기도 한다.

② 이벤트

이벤트는 기업이 특정 장소에서 특정 집단이나 타겟을 대상으로 직접 메시지를 전달하기 위한 커뮤니케이션 수단이다. 정부나 공공기관에서도 정책이나 이념적 메시지를 전달하기 위해 종종 사용한다. 이벤트는 발신자와 수신자 모두가 직접 현장에서 만나 상호 작용하는 커뮤니케이션이기에 광고·SP·퍼블리시티 등과는 구별된

다. 이벤트는 장소와 시간에 의해서 그 범위가 제한되기는 하나 시
의성과 현장성·공감성을 바탕으로 메시지를 목표하는 타겟에게
효과적으로 전달할 수 있다는 점에서 나름대로 의미 있는 커뮤니
케이션 도구이다.

4) 스포츠 마케팅

스포츠 마케팅은 기업이 스포츠를 이용하여 전개하는 모든 마케
팅 활동이다. 스포츠 마케팅을 통해서 기업은 소비자에게 기업명이
나 브랜드에 대한 호의적인 친숙도를 유도하며, 기업명이나 브랜
드에 대한 이미지를 개선하거나 확고히 한다. 또한 대중에게 기업
의 사회적 책임을 우회적으로 표현함으로써 기업에 대한 이해와 신
뢰를 얻도록 만든다.

박찬호를 선두로 박세리와 이영표·미셸 위·하인즈 워드 등은
한국인 혹은 한국계 유명 해외 스포츠 스타이다. 박찬호는 야구의
메이저리그인 미국 MLB에서 박세리와 미셸 위는 골프의 메이저
리그인 미국 LPGA에서, 이영표는 축구의 메이저리그인 잉글리쉬
프리미어리그(EPL)에서, 하인즈 워드는 미식축구의 메이저리그인
미국 NFL 등에 진출한 유명 스포츠 스타인 동시에 유명 광고 모델
이다. 박찬호는 국내 기업인 국민카드의 광고 모델을 했고, 박세리
는 삼성, 이영표는 외환은행, 미셸 위는 나이키, 하인즈 워드는 우
체국 EMS의 모델로 알려져 있다. 무엇보다도 미 LPGA 투어에서

성공한 박세리를 후원했던 삼성은 그녀가 미디어 스타로 스포트라이트를 받자 삼성이라는 브랜드 가치가 덩달아 올랐다. 이처럼 스포츠스타의 스폰서쉽에 의한 기업의 홍보 효과가 커지면서, 스포츠 마케팅 분야에 대한 국내 기업들의 관심이 증폭되었다.

이전까지의 국내 스포츠 마케팅은 야구나 축구·농구 같은 프로 스포츠의 타이틀 협찬이나 운동 경기 협찬 혹은 경기장 옥외 광고를 활용한 전통적인 PR이 대부분이었다. 하지만 삼성의 박세리 스폰서쉽 홍보의 파장은 이제 지협적인 요소와 개인적 요소를 넘어, 미국 MLB나 영국의 EPL, 세계 스포츠 체전의 양대 산맥인 올림픽과 월드컵 후원에까지 글로벌 기업으로 자리매김하려는 국내 기업들의 중요한 마케팅 수단으로 자리잡았다.

스포츠는 인류를 묶어 주는 거대한 교류의 장이다. 스포츠는 국가와 국가, 기업과 기업, 그리고 기업과 소비자를 이어 준다. 스포츠는 스포츠 경기 본연의 역할과 함께 스포츠 행사를 위한 여러 마케팅 활동으로 소비자의 행동에 많은 영향을 미친다. 따라서 기업은 스포츠 스폰서쉽이라는 커뮤니케이션 도구로 기업의 제품 판매와 서비스 확대에 심혈을 기울이고 있다. 기업은 광고 협찬뿐만 아니라 인기 스포츠 경기를 통해서 휴대전화나 자동차, LCD 텔레비전과 같은 가전제품이나 신발·의류·맥주·음료수 등 다양한 제품과 상품을 성공적으로 판매하고 있다.

4. 위기 관리

조계현(2005)은 위기 관리(crisis management)를 "위험과 불확실성의 많은 제 요인을 제거하여 기업 스스로 각자의 운명을 더 잘 통제할 수 있도록 하는 경영 기술이다. 조직이 발생된 위기에 대처하기 위해서 신속한 조치를 취함과 동시에 기대치 않은 결과를 최소화시키고, 위험의 확인(identification), 위험의 측정(measurement) 그리고 위험의 통제(control)를 통해 위험에 따르는 불이익을 극소화하는 제반 행위이다"라고 설명했다. 이에 관해 좀더 살펴보기로 한다.

1) 위기 관리와 쟁점 관리

기업에 있어서 영원한 승자는 없다. 경쟁 시장에서 아무리 선도적 지위를 유지하는 기업이라 할지라도 위기 상황이 발생할 때 적절한 대처를 하지 못한다면 후발 경쟁업체에게 선두자리를 내주거나 시장에서 도퇴되어 사양의 길을 걷는 경우가 많다. 위기 관리는 위기가 발생하고 난 후 적절한 대응에 의한 관리도 중요하지만, 위기가 발생되기 전에 사전 관리를 위한 기업의 쟁점 관리도 중요하다.

쟁점 관리(issue management)는 마케팅을 포함한 기업의 모든 쟁점을 기업에게 유리하게 이끄는 것으로 공공 정책과 연결시켜 원활한 기업 커뮤니케이션 활동을 펼치는 것이다. 다시 말해서 기업의 경제 활동과 관련된 모든 쟁점을 미리 견지하고, 이 쟁점들이 향후 핵심 문제로 발전하여 위기 상황으로 전환되는 것을 사전에 차단하는 것이다. 쟁점 관리는 단기적인 측면에서의 접근이 아니라 장기적인 측면에서 접근하기 때문에 미래에 발생할 수 있는 위기들을 완화하고 슬기롭게 대처하는 데에 도움이 된다. 흔히 위기 관리라고 하면 위기가 발생한 후에 수습하는 것으로 생각할 수 있으나, 가장 중요한 위기 관리는 사전에 대응하는 것이다.

기업은 수익 창출이라는 기업의 목표 수행 과정에서 적지 않은 소음을 발생시킨다. 이 소음들은 기업의 내부 조직과 외부 조직 간의 마찰음이다. 마찰음이 많이 나면 날수록 많은 위기들이 생겨나는 것이다. 기업이 가지고 있는 마찰음은 소비자를 대상으로 하는 마찰음부터 정부와 금융계·산업계와의 관계 유지에서 생겨나는 마찰음까지 복잡하고도 광범위하다. 마찰음의 소리는 언론매체를 통해서 전달되기에 기업의 위기 관리 담당자들은 언론인들과의 관계 유지에 심혈을 기울여야 한다. 우리나라 주요 대기업들은 정부의 주요 부처나 국회처럼 출입하는 베테랑 기자들을 통해 주요 쟁점을 관리하고 점검한다.

기업은 예상치 못한 마찰음에 항상 직면하고 있다. 아무리 완벽한 소음기를 갖추고 있다 할지라도 어디론가 흘러나가 위기를 만들기도 한다. 따라서 기업은 위기 발생의 가능성이 농후한 사안에 대해서는 정부 관계자들이나 언론, 공중들에게 기업이 허락하는 한도 내에서 알릴 것은 알리면서, 차후 대비에 대한 소견들을 구하는 것이 좋다.

2) 위기 관리 매뉴얼

민승규·고현철(1996)은 위기 관리 매뉴얼의 중요성을 "위기에 대한 대응을 검토하면서 조직이나 기업 자체의 문제점 및 충실성을 검토하기 위해 만들게 된다. 이를 위해 각 조직이나 기업의 잠재 위기를 미리 파악해 두고 사전 대응 방침이나 대응 목표를 명확히 해두는 것이 중요하다"라고 말한다. 위기의 발생과 같은 긴급 사태는 조직원들에게 익숙하지 않기 때문에 허둥지둥 거리거나 루머를 퍼뜨려 상황을 더욱 어렵게 만들 수 있기에, 위기 관리 담당자는 위기 관리 매뉴얼에 따라서 신속하고 민첩하게 위기 관리 대응 프로그램을 가동시켜야 한다.

위기 관리의 매뉴얼은 다음과 같이 작성한다. 일반적인 위기 관리 매뉴얼은 평상시 상황에서의 대처, 초기 대응 상황에서의 대처, 긴급 상황에서의 대처, 종료 시점에서의 대처로 구분하여 작성된다.

첫째, 평상시 상황에서의 대처는 위기 인지의 체제와 방법이나, 위기시에 이용되는 항목을 정비하고, 기업과 관련된 정보를 사전에 수집하여 매뉴얼을 만든다. 둘째, 초기 대응 상황에서의 대처는 대응 조직을 구성하고 적절한 대응 절차와 방법을 선택하고 현상의 정보 수집 수단을 확보하는 등 민첩하게 대응하는 것이다. 셋째, 긴급 상황에서의 대처는 위기 사안의 영향이 확대 방지되지 않는 데

중점을 두며, 일상 업무와 동시에 실시하여 외부에게 내부의 안정
감을 호소한다. 넷째, 종료 시점에서의 대처는 위기 사안에 따른 위
기 관리 과정을 재점검하는 것이다. 사안에 따라서는 위기 관리의
유형을 통상적인 업무의 형태로 편입시켜 후속 대안을 마련하기도
한다.

퍼블리시티 샘플 출처

1) 동양매직 홍보GI팀 제공.
2) 한국 닛산 홍보팀 제공.
3) 세도나미디어 홍보팀 제공.
4) 케이드림 마케팅팀 제공.

참고 문헌

강상편 · 채백 엮음(2002), 《대중매체의 이해와 활용》, 서울: 한나래.
김경해(2003), 《Let's PR》, 서울: 매일경제신문사.
민승규 · 고현철(1996), '기업의 위기 관리,' 〈CEO information〉, 삼성경
제연구소.
신호창(2001), "MPR은 고도의 사회과학적 경영전략," 〈제일기획 사보〉,
3월호.
안광호 · 유창조 공저(1998), 《광고원론》, 서울: 법문사.
안광호 · 이유재 · 유창조(2004), 《광고관리》, 서울: 법문사.
양영종 · 김상훈 · 정걸진(2002), 《디지털시대 광고론》, 서울: 형설출판사.
오태섭 · 강현두 · 최종호(2003), 《미디어와 정보 사회》, 서울: 나남출판.
장대련 · 한민희(2000), 《광고론》, 서울: 학현사.
정해동 · 박기철(2000), 《MPR, 광고보다 강한 PR》, 서울: 커뮤니케이션

북스.

조계현(2005), 《PR 실천론》, 서울: 커뮤니케이션북스.

한정호·강승구(2001), 《홍보론》, 서울: 한국방송통신대학교출판부.

제12장
PR의 실제

PR 행위에 있어서 정해진 주체는 없다. 기업의 PR은 홍보팀이나 PR팀 담당자가, 정부기관의 PR은 홍보국, 공보국 담당자가, 정당의 PR은 정당 대변인이나 전문 홍보인이 진행한다. 또한 전문적인 홍보 조직과는 별도로 홍보 전문 대행사에 의뢰하여 PR을 진행하기도 한다. 이 장에서는 PR 업무에 대해 실제 기업체 홍보 담당자들이 어떠한 프로세스로 PR 업무를 하고 있는지를 살펴보기로 한다. 가전회사의 홍보 업무 매뉴얼을 참조로 기초적인 PR 업무 플로어 과정을 통해 업무 파악을 해보도록 한다.

1. 기업체 PR 업무 매뉴얼의 예

1. 언론이란?

언론이란 쉽게 말해서 정치 · 사회 · 문화 · 경제 등 다양한 분야에서 일어나는 사람들의 말이나 활동·사건 등을 보도하는 신문·방송·잡지·인터넷 등의 매체 활동을 말한다.

1) 일간지

일일 발행하는 대판형 신문을 일컫는다. 서울 및 수도권, 지방 등에서 여러 장르의 다양한 일간지가 발행되고 있다. 종합일간지는 2007년 현재 조간 9개지와 석간 1개지로 구분된다. 조간에는 조선일보·중앙일보·동아일보 세 개 메이저신문이 있고, 한국일보·경향신문·세계일보·국민일보·한겨레신문·서울신문이 있다. 석간에는 문화일보가 있다. 경제지는 경제의 전반을 다루는 경제전문지로서 여섯 개 신문이 발행된다. 2007년 현재 조간 5개지, 석간 1개지로 나누어지는데, 조간경제지에는 매일경제·한국경제·서울경제·파이낸셜뉴스·머니투데이가 있고, 석간에는 헤럴드경제가 있다. 또한 가전과 관련된 일간전문지로는 전자신문과 디지털타임즈가 있으며, 이들 매체는 전기/전자 전문매체 관련업계지로 구분된다.

2) 월간지

월간지는 월간잡지를 말한다. 남자들보다는 여자들이 가정이나 은행, 미용실 등에서 자주 접하는 매체다. 회사 생산 제품의 주 타겟이 25-45세 여성들이라면 이들이 주로 읽는 월간지를 별도로 관리할 필요성이 있다. 월간지는 그 성격에 따라 종합여성지와 전문지로 나누어진다. 종합여성지는 주부생활·우먼센스·여성중앙·여성동아·여성조선·레이디경향 등이 있고, 리빙지에는 행복이 가득한 집·리빙센스·레몬트리·메종·까사리빙 등이 있으며, 요리지에는 쿠켄·에쎈·까사비스트로가 있다. 또한 육아지에는 앙팡·베스트베이비·베이비·앙앙·앙주 등이 있고, 웨딩지에는 마이웨딩·웨딩21·오뜨웨딩·라스포사웨딩 등이 있다. 라이센스로는 엘르·보그·엘루어 등과 명품무가지인 노블리안·에비뉴엘·W·럭셔리·오뜨 등과 인테리어 관련 잡지인 월간디자인·인테르니데코·인테르니·마루 등의 다양한 잡지가 있고, 이밖에 전문성을 지닌 잡지들이 수없이 많다.

3) 주간지

주간지는 사회문화·시사·영화 등의 분야에서 기획 기사와 전문적인 컬럼을 다루는 잡지들이다. 1980년대에 주간한국이 발행되면서 '주간지는 지식 있는 대학생이 가지고 다니는 교양 시사지'라는 총칭을 얻으며 인기를 끌었으나 현재는 침체의 길을 걷고 있다. 정치와 사회를 메인으로 다루는 뉴스메이커·주간조선·주간동아·주간한국·시사저널 등과 경제전문지를 표방하는 한경비지니스·매경이코노미·이코노미스트 등이 있다. 또한 영화를 전문으로 하는 씨네21 · 무비위크 · 필름2.0 등도 있다. 웰빙 트랜드 추세에 따른 주 5일제에 맞추어 생활레저 중심의 주간지 등이 많이 창간되었는데 위클리 프라이데이가 대표적이다.

4) 무가지

무가지는 무가지라는 말 그대로 신문구입 비용이 0원인 무료신문을 말한다. 2002년 월드컵의 열기와 함께 무가지가 창간된 후, 지금까지 출근 시간에 많은 독자들에게 사랑을 받고 있는 신문이다. 무가지의 시초는 메트로이다. 이후 점유율 1위의 포커스, 서울신문 계열의 굿모닝서울(정간)과 문화일보 계열의 **AM7**, **CBS** 계열의 노컷뉴스, 만화전문 연예지인 데일리줌, 스포츠연예 전문지인 메가스포츠(폐간)와 스포츠한국 등 총 여덟 개의 무가지가 발행되었다. 현재 발행되고 있는 무가지는 여섯 가지이다. 무가지는 출근시간대 대중교통 이용객들을 타겟으로 하기에 그 배포의 규모가 점점 커지고 있다. 반면 무가지로 인하여 주요 일간신문들과 스포츠신문들의 발행 부수는 상대적으로 많이 줄어들었다. 현재 발행되는 판형은 대부분 타블로이드 판형이며, 스포츠한국만이 대판형으로 제작된다.

2. 담당 기자와 홍보 담당자와의 관계(기자 관리)

담당 기자와 홍보 담당자와의 관계는 의심할 바 없는 갑과 을의 관계다. '기자는 기자이다' 라는 말이 있듯이, 특별한 직업인으로 인식하고 최대한 정중하면서도 긴밀한 관계를 유지해야 한다. 기자를 대할 때에는 꾸준한 만남을 통한 인간 관계 유지, 밀고 밀리는 지략 싸움, 간접적인 우호 세력 만들기 등의 총체적인 대외 커뮤니케이션 기술이 필요하다. 요즘은 매체의 증가로 인해 취재원과 기자와의 관계가 공존 공생하는 시대라고는 하나 아직까지 한국 사회에서의 취재원과 기자의 위치는 다르다.

1) 일간지

기업의 활동을 감시, 견재하거나 증폭시켜 주는 사람으로서 기자는 개인적 판단으로 기업의 활동을 좌지우지할 수 있는 권한을 가지고 있다고 볼 수 있다. 아무리 오보라 할지라도 일단 매체에 게재된 부정적 기사는 소비자들에게 부정적인 인식을 심어 주며, 알려진 사항에 대한 반응은 어느 누구도 예측 불가능하고 방어하기가 어렵다. 따라서 기자들과 밀접한 관계를 유지하여 만일에 있을 부정적인 요소를 사전에 막을 수 있어야 한다. PR성 기사는 일반적인 관계로도 충분히 게재가 가능하지만 부정적인 기사는 매우 친밀한 관계가 아니고서는 막기가 어렵다. 기자의 본래 역할인 감시와 견재에 있어 소비자는 당연히 알 권리가 있고, 기사 내용에 따른 가부 판단은 소비자가 하는 것이 자연스러운 순리이기 때문이다. 따라서 홍보 담당자들은 기자들과 평소 유지한 인간 관계를 바탕으로 기사화 되기 이전에 기사가 미치는 사회적·경제적 파장성을 잘 설명하고 설득하여 방어를 해야 한다. 이러한 일련의 활동을 위해서는 기자와의 커뮤니케이션이 원만하게 유지되어야 한다.

가전회사의 출입 담당 기자들은 크게 경제부와 산업부에 근무하는 기자들이 많다. 이들은 내부적으로 1진과 2진으로 나누어지는데, 기자의 연차와 네임 벨류 그리고 기사의 영향력에 따라 구분이 된다. 홍보 담당자들은 기자를 관리할 경우 신문사의 구조나 신문사 영향력에 따라 차등을 두어 관리하면 절대 안 된다. 홍보 조직의 내부 시스템에 의한 기자와의 커뮤니케이션 관계에 약간의 차등이 있다고 하더라도 절대 눈에 띄거나, 상대방이 눈치채지 못하도록 만남에 있어서 최선을 다해 관리해야 한다. 홍보 담당자로서 생명은 기사 게재가 아니라 기자 관리임을 명심해야 한다.

2) 월간지

일반적으로 월간지 기자들은 기자라는 호칭보다 에디터라는 용어에 가깝다. 기사를 꾸며 주는 코디네이터이다. 취재와 자료 제공 협조를 잘해 주면 무난하게 PR이 가능하다. 월간지 기자와 별도의 주기적인 만남이나 기타 관리는 꼭 필요한 것은 아니나, 최선을 다해 관리를 해야 한다.

3) 주간지

주간지 기자는 심층 분석 전문 기자이다. 단순한 사건을 팩트부터 출발하여 추리력과 논리력으로 분석해 기사를 만든다. 따라서 주간지 기자가 접촉했다면 기자는 이미 충분한 팩트들을 확보한 상태에서 접근했다고 봐야 한다. 관련 사건에 대한 팩트들을 다른 시각에서 볼 수 있도록 다양한 주제별로 회사의 입장을 충분히 설명해 주어야 한다. 한번 접촉한 기자에 대해서는 향후 주기적인 만남을 바탕으로 친밀한 관계를 유지해 회사에 대한 긍정적인 의식을 갖게끔 한다.

3. Publicity

1) Publicity의 정의

퍼블리시티는 조직이나 개인에 관한 정보를 출판물이나 뉴스 미디어에 제공하는 것을 말한다. TV·라디오·잡지·신문과 각종 기관지 같은 미디어에 사실적이고 흥미있으며 뉴스가치가 있는 징보를 제공하는 것을 일컫는다. 즉 퍼블리시티란 기사화되기 전에 기자에게 전달하는 보도 자료이다. 홍보 담당자가 기자에게 기사거리를 알기 쉽게 정리하여 작성한 글로서 보충 취재를 통한 기사화나 보도 자료를 요약한 형태로 기사화된다.

2) Publicity 작성

퍼블리시티 작성은 크게 두 가지로 나눌 수 있다.

첫째는 제품의 기술력을 자랑하는 전문적인 글이다. 디지털 기술과 각종 첨단의 기능적 요소를 전문적인 용어와 함께 알기 쉽게 풀어 작성하는 것으로서, 중학교 1,2학년생이 읽어도 쉽게 이해할 수 있을 정도의 문장으로 작성해야 한다. 영어와 같은 외래어가 많다고 기술이 돋보이는 것이 아니다. 기자에게 제품의 특장점이나 기술적 특징을 1차적으로 설명하고, 이해시키고, 설득시키고 나서 2차로 소비자들에게 알려 줘야 하는 것이기에 기자가 쉽게 이해할 수 있도록 조리 있게 작성해야 한다. 쉽게 알려 준다고 보도 자료의 'B to B' 목적성을 벗어나서는 안 된다. 말 그대로 기술을 자랑하는 글이기 때문이다. 제품을 소개하는 보도 자료는 'B to B'이지만 제품 기사는 'B to C'의 형식이 많기 때문에 더욱 쉽고 자세하게 설명하는 어조로 보도 자료를 작성해야 한다.

둘째는 트랜드성 기사의 제공이다. 기술이나 제품은 삼성이나 LG처럼 첨단의 디지털 기술이 아니고서는 기사화하기가 어렵다.

따라서 소비자들의 생활 방식이나 시기적 트랜드의 흐름을 적절하게 활용하여 보도 자료를 작성하는 것이다. 주변에서 눈으로 흔히 보이는 현상에 대한 접근법이 필요하기에 경쟁사들의 제품이나 기술, 관련 트랜드 속성을 활용하여 전반적인 사회경제적 이슈를 만들어 제공하는 것이다.

보도 자료는 절대 만연체나 산문체로 작성하면 안 된다. 간결한 문장이 필수이다. 중요한 사항은 전반부에 일관 배치하여 작성하는 두괄식 보도 자료를 만드는 데 노력해야 한다. 그리고 특수 기호나 전문 용어, 내부 용어는 삼가해야 한다.

3) Publicity 배포

인터넷이 발달된 이상 퍼블리시티 배포는 이제 마감 데드리인과 별개로 작용한다. 그래도 기본적인 과정을 살펴본다면, 일간지 조간일 경우 기준일(게재 희망일) 이전 1-2일 오전 11시까지 배포하고 연락을 취하면 된다. 일간지 석간일 경우 기준일(게재 희망일) 이전 오후 4시까지 배포하면 된다. 내부 조직의 시스템 문제로 홍보 관리의 범위가 좁아서 모든 일간지 기자들과 친분을 유지하기 어려울 때에는, 연합뉴스와 뉴시스, 뉴스와이어 등과 같은 통신사와 보도 자료 전문 사이트를 활용하여 기사 플레이를 하면 좋다. 연합뉴스와 뉴시스는 기사를 속보성으로 게재하기 때문에 보도 자료의 일간지 배포가 마무리되는 오후 12-1시경에 배포하면 좋다. 중복을 피하고 개별 기자들의 개인적 취향(선보도된 기사의 보도 자료는 버림)에 맞추어 진행할 수 있기 때문이다. 엠바고의 경우는 꼭 필요한 경우에만 활용하는 것이 좋다.

4. 홍보물 체크(Check)

홍보 담당자들의 업무 가운데 기자 관리와 못지않게 중요한 것은 홍보물의 모니터링 업무이다. 기업 활동과 관련한 내용을 기자가 기사화하기 전에 알아내기란 매우 어렵다. 따라서 홍보 담당자들은 신문의 발행과 동시에 기사 확인 작업을 펼친다. **PR**성 기사가 제대로 나왔는지, 기사들 중에 부정적 내용이 있는지 등을 확인하고, 글자·이름·숫자 등을 꼼꼼하게 모니터링한다. 기사의 문장 속에 한 글자라도 잘못 나왔을 경우 즉시 수정 정정 요구를 취해서 독자(소비자)들에게 올바른 정보를 전달할 수 있도록 일련의 조치를 취해야 한다.

1) 가판 확인

한국에만 있는 특이한 신문 구조이다. 신문의 초판으로서 익일 신문의 내용을 미리 확인하는 작업이다. 매일 오후 6시-7시 광화문 동아일보사 앞에서 익일 조간 일간지를 받아 기사들을 체크해 볼 수가 있다. 이때 오보 기사나 부정적인 기사, 문제점이 있는 기사가 나왔을 경우 신속하게 위기 관리 시스템을 가동시켜 기사 정정을 요구해 익일 배달되는 신문에는 정확한 내용의 기사가 실리도록 해야 한다. 사실 가판이라는 제도는 여론 주도층에 대한 영향력을 잃지 않으려는 신문사가 광고 협상을 용이하게 이끌고, 독자에게 신문의 단점이나 실수를 미연에 방지하기 위해서 실시되었다. 신문 매체 시장의 이상 기류와 변화의 흐름은 가판이라는 특수한 구조를 변화시켰다. 가판 발행 신문사가 점점 줄어들면서 현재 가판을 발행하는 종합일간지는 한국일보·국민일보·서울신문 3개지만 발행하고 있으며, 경제지는 매일경제·한국경제·서울경제·파이낸셜뉴스만이 가판을 발행하고 있다.

2) 인터넷 확인

인터넷 언론매체가 범람하는 현재에는 인터넷이 가판 이상으로 중요한 홍보물 모니터링의 수단이다. 과거 유명 포털 사이트들과 컨텐츠 협정을 맺은 매체는 일반 신문사뿐만 아니라 인터넷 신문사도 많아 인터넷 신문의 매체 위상과 소비자의 주목도는 몰라보게 높아졌다. 여기에 포털 사이트 자체 뉴스데스크 성립과 기사 생성은 홍보물의 인터넷 모니터링을 더욱 중요하게 만들었다. 인쇄된 신문기사에 의한 여파보다 인터넷상에서 수시간 앞서서 이슈화되는 사건은 삽시간에 유포되고, 곧 사회적 이슈화가 되곤 한다. 따라서 실시간 인터넷 검색을 통해 기사 모니터링을 하는 동시에 전반적인 위기 관리 업무 시스템을 가동시켜 기사 삭제를 유도해야 한다. 무엇보다 중요한 것은 부정적 기사에 대한 네티즌의 클릭수가 늘기 전에, 먼저 발견해서 조속한 대응을 통한 후속 조치를 취해야 한다는 점을 명심해야 한다. 포털 사이트마다 컨텐츠 협정을 맺은 매체들이 각각 다르기 때문에 네이버·다음·엠파스·파란·네이트·야후 등의 포털 사이트와 한국언론재단의 KINDS를 활용하여 수시로 모니터링해야 한다.

3) 관련 자료 문서 보관 및 정리

신문 스크랩은 홍보 업무의 기본이다. 스크랩은 현업에서 통상 '뉴스 클리핑'이라고도 한다. 홍보 담당자들은 뉴스 클리핑을 통하여 경쟁사의 동향이나 경제계의 흐름 등을 파악하고 분석한다. 일일별·주별·월별 기사들의 게재 흐름을 파악하고, 각각의 신문매체에 게재된 기사들의 논조나 방향을 탐색한다. 이러한 클리핑 과정은 퍼블리시티 행위시 기사 게재의 확률을 높여 준다. 삼성전자나 LG전자 같은 대기업의 PR 행위 흐름이나 신문사의 기사 게재 스타일을 미리 파악한다면 보다 긍정적이고 빈번하게 기사 게재를 유도할 수 있다. 뉴스거리들은 다양하지만 정작 지면에 실리는 기사들은 한정되어 있다. 따라서 한정된 경제면 지면에 효과적인 기사 게재를 위해서는 경제 이슈의 흐름을 미리 파악하여 톱 기사와

스트레이트 기사가 대략 무엇인지 예상하고, 이에 대응할 수 있도록 PR 전략을 세워야 한다.

중견기업이 경쟁사들과의 경쟁시 효과적인 PR을 수립하기 위해서는 별도의 PR 전략이 필요하다. 대외 기자 관리를 바탕으로 하는 홍보 담당자의 커뮤니케이션 능력을 비교하거나, 기사 게재를 유도하거나, 경쟁사의 예정된 기사를 외부 압력에 의해 기사를 축소시키거나, 게재되지 않도록 적절하게 유도할 수 있어야 한다. 이러한 일련의 작업을 위해서는 신문 스크랩이라는 체계적인 뉴스 클리핑 업무 행위가 요구된다. 뉴스 클리핑을 진행할 때에는 홍보 주체 회사와 경쟁사, 대기업 등으로 섹션별로 구분하여 스크랩하고, 기사의 일별·주별·월별 분석 통계를 바탕으로 홍보 전망 추이를 살핀다.

현택수
파리 소르본대학 사회학 박사
고려대학교 인문대 사회학과 교수
전 한국방송개발원(KBI) 선임연구원
저서:《매스커뮤니케이션과 사회》
역서:《텔레비전에 대하여》등

홍장선
고려대학교 사회학과 졸업
고려대학교 언론대학원 석사 과정
전 ㈜동양매직 광고 홍보 파트장
전 스포츠 일간지기자
현 엔터테인먼트 업계 광고 홍보, 마케팅 컨설턴트
현 주요 인터넷 신문기자

광고의 이해과 실제

초판발행 : 2007년 3월 25일

東文選
제10-64호, 78. 12. 16 등록
110-300 서울 종로구 관훈동 74번지
전화 : 737-2795

편집설계 : 李娗롯

ISBN 978-89-8038-598-0 94320

【東文選 現代新書】

1 21세기를 위한 새로운 엘리트	FORESEEN 연구소 / 김경현	7,000원
2 의지, 의무, 자유 ― 주제별 논술	L. 밀러 / 이대희	6,000원
3 사유의 패배	A. 핑켈크로트 / 주태환	7,000원
4 문학이론	J. 컬러 / 이은경·임옥희	7,000원
5 불교란 무엇인가	D. 키언 / 고길환	6,000원
6 유대교란 무엇인가	N. 솔로몬 / 최창모	6,000원
7 20세기 프랑스철학	E. 매슈스 / 김종갑	8,000원
8 강의에 대한 강의	P. 부르디외 / 현택수	6,000원
9 텔레비전에 대하여	P. 부르디외 / 현택수	10,000원
10 고고학이란 무엇인가	P. 반 / 박범수	8,000원
11 우리는 무엇을 아는가	T. 나겔 / 오영미	5,000원
12 에쁘롱―니체의 문체들	J. 데리다 / 김다은	7,000원
13 히스테리 사례분석	S. 프로이트 / 태혜숙	7,000원
14 사랑의 지혜	A. 핑켈크로트 / 권유현	6,000원
15 일반미학	R. 카이유와 / 이경자	6,000원
16 본다는 것의 의미	J. 버거 / 박범수	10,000원
17 일본영화사	M. 테시에 / 최은미	7,000원
18 청소년을 위한 철학교실	A. 자카르 / 장혜영	7,000원
19 미술사학 입문	M. 포인턴 / 박범수	8,000원
20 클래식	M. 비어드·J. 헨더슨 / 박범수	6,000원
21 정치란 무엇인가	K. 미노그 / 이정철	6,000원
22 이미지의 폭력	O. 몽젱 / 이은민	8,000원
23 청소년을 위한 경제학교실	J. C. 드루엥 / 조은미	6,000원
24 순진함의 유혹〔메디시스賞 수상작〕	P. 브뤼크네르 / 김웅권	9,000원
25 청소년을 위한 이야기 경제학	A. 푸르상 / 이은민	8,000원
26 부르디외 사회학 입문	P. 보네위츠 / 문경자	7,000원
27 돈은 하늘에서 떨어지지 않는다	K. 아른트 / 유영미	6,000원
28 상상력의 세계사	R. 보이아 / 김웅권	9,000원
29 지식을 교환하는 새로운 기술	A. 벵토릴라 外 / 김혜경	6,000원
30 니체 읽기	R. 비어즈워스 / 김웅권	6,000원
31 노동, 교환, 기술 ― 주제별 논술	B. 데코사 / 신은영	6,000원
32 미국만들기	R. 로티 / 임옥희	10,000원
33 연극의 이해	A. 쿠프리 / 장혜영	8,000원
34 라틴문학의 이해	J. 가야르 / 김교신	8,000원
35 여성적 가치의 선택	FORESEEN연구소 / 문신원	7,000원
36 동양과 서양 사이	L. 이리가라이 / 이은민	7,000원
37 영화와 문학	R. 리처드슨 / 이형식	8,000원
38 분류하기의 유혹 ― 생각하기와 조직하기	G. 비뇨 / 임기대	7,000원
39 사실주의 문학의 이해	G. 라루 / 조성애	8,000원
40 윤리학―악에 대한 의식에 관하여	A. 바디우 / 이종영	7,000원
41 흙과 재〔소설〕	A. 라히미 / 김주경	6,000원

84	조와(弔蛙)	金敎臣 / 노치준·민혜숙	8,000원
85	역사적 관점에서 본 시네마	J. -L. 뢰트라 / 곽노경	8,000원
86	욕망에 대하여	M. 슈벨 / 서민원	8,000원
87	산다는 것의 의미·1—여분의 행복	P. 쌍소 / 김주경	7,000원
88	철학 연습	M. 아롱델-로오 / 최은영	8,000원
89	삶의 기쁨들	D. 노게 / 이은민	6,000원
90	이탈리아영화사	L. 스키파노 / 이주현	8,000원
91	한국문화론	趙興胤	10,000원
92	현대연극미학	M. -A. 샤르보니에 / 홍지화	8,000원
93	느리게 산다는 것의 의미·2	P. 쌍소 / 김주경	7,000원
94	진정한 모럴은 모럴을 비웃는다	A. 에슈고엔 / 김웅권	8,000원
95	한국종교문화론	趙興胤	10,000원
96	근원적 열정	L. 이리가라이 / 박정오	9,000원
97	라캉, 주체 개념의 형성	B. 오질비 / 김 석	9,000원
98	미국식 사회 모델	J. 바이스 / 김종명	7,000원
99	소쉬르와 언어과학	P. 가데 / 김용숙·임정혜	10,000원
100	철학적 기본 개념	R. 페르버 / 조국현	8,000원
101	맞불	P. 부르디외 / 현택수	10,000원
102	글렌 굴드, 피아노 솔로	M. 슈나이더 / 이창실	7,000원
103	문학비평에서의 실험	C. S. 루이스 / 허 종	8,000원
104	코뿔소 〔희곡〕	E. 이오네스코 / 박형섭	8,000원
105	지각—감각에 관하여	R. 바르바라 / 공정아	7,000원
106	철학이란 무엇인가	E. 크레이그 / 최생열	8,000원
107	경제, 거대한 사탄인가?	P. -N. 지로 / 김교신	7,000원
108	딸에게 들려 주는 작은 철학	R. 시몬 셰퍼 / 안상원	7,000원
109	도덕에 관한 에세이	C. 로슈·J. -J. 바레르 / 고수현	6,000원
110	프랑스 고전비극	B. 클레망 / 송민숙	8,000원
111	고전수사학	G. 위딩 / 박성철	10,000원
112	유토피아	T. 파코 / 조성애	7,000원
113	쥐비알	A. 자르댕 / 김남주	7,000원
114	증오의 모호한 대상	J. 아순 / 김승철	8,000원
115	개인—주체철학에 대한 고찰	A. 르노 / 장정아	7,000원
116	이슬람이란 무엇인가	M. 루스벤 / 최생열	8,000원
117	테러리즘의 정신	J. 보드리야르 / 배영달	8,000원
118	역사란 무엇인가	존 H. 아널드 / 최생열	8,000원
119	느리게 산다는 것의 의미·3	P. 쌍소 / 김주경	7,000원
120	문학과 정치 사상	P. 페티티에 / 이종민	8,000원
121	가장 아름다운 하나님 이야기	A. 보테르 外 / 주태환	8,000원
122	시민 교육	P. 카니베즈 / 박주원	9,000원
123	스페인영화사	J.- C. 스갱 / 정동섭	8,000원
124	인터넷상에서—행동하는 지성	H. L. 드레퓌스 / 정혜욱	9,000원
125	내 몸의 신비—세상에서 가장 큰 기적	A. 지오르당 / 이규식	7,000원

【東文選 文藝新書】

2 민속문화론서설	沈雨晟	40,000원
3 인형극의 기술	A. 훼도토프 / 沈雨晟	8,000원
4 전위연극론	J. 로스 에반스 / 沈雨晟	12,000원
5 남사당패연구	沈雨晟	19,000원
6 현대영미희곡선(전4권)	N. 코워드 外 / 李辰洙	절판
7 행위예술	L. 골드버그 / 沈雨晟	절판
8 문예미학	蔡 儀 / 姜慶鎬	절판
9 神의 起源	何 新 / 洪 熹	16,000원
10 중국예술정신	徐復觀 / 權德周 外	24,000원
11 中國古代書史	錢存訓 / 金允子	14,000원
12 이미지 — 시각과 미디어	J. 버거 / 편집부	15,000원
13 연극의 역사	P. 하트놀 / 沈雨晟	절판
14 詩 論	朱光潛 / 鄭相泓	22,000원
15 탄트라	A. 무케르지 / 金龜山	16,000원
16 조선민족무용기본	최승희	15,000원
17 몽고문화사	D. 마이달 / 金龜山	8,000원
18 신화 미술 제사	張光直 / 李 徹	절판
19 아시아 무용의 인류학	宮尾慈良 / 沈雨晟	20,000원
20 아시아 민족음악순례	藤井知昭 / 沈雨晟	5,000원
21 華夏美學	李澤厚 / 權 瑚	20,000원
22 道	張立文 / 權 瑚	18,000원
23 朝鮮의 占卜과 豫言	村山智順 / 金禧慶	28,000원
24 원시미술	L. 아담 / 金仁煥	16,000원
25 朝鮮民俗誌	秋葉隆 / 沈雨晟	12,000원
26 타자로서 자기 자신	P. 리쾨르 / 김웅권	29,000원
27 原始佛敎	中村元 / 鄭泰爀	8,000원
28 朝鮮女俗考	李能和 / 金尙憶	24,000원
29 朝鮮解語花史(조선기생사)	李能和 / 李在崑	25,000원
30 조선창극사	鄭魯湜	17,000원
31 동양회화미학	崔炳植	18,000원
32 性과 결혼의 민족학	和田正平 / 沈雨晟	9,000원
33 農漁俗談辭典	宋在璇	12,000원
34 朝鮮의 鬼神	村山智順 / 金禧慶	12,000원
35 道敎와 中國文化	葛兆光 / 沈揆昊	15,000원
36 禪宗과 中國文化	葛兆光 / 鄭相泓 · 任炳權	8,000원
37 오페라의 역사	L. 오레이 / 류연희	절판
38 인도종교미술	A. 무케르지 / 崔炳植	14,000원
39 힌두교의 그림언어	안넬리제 外 / 全在星	9,000원
40 중국고대사회	許進雄 / 洪 熹	30,000원
41 중국문화개론	李宗桂 / 李宰碩	23,000원
42 龍鳳文化源流	王大有 / 林東錫	25,000원
43 甲骨學通論	王宇信 / 李宰碩	40,000원

44 朝鮮巫俗考	李能和 / 李在崑	20,000원
45 미술과 페미니즘	N. 부루드 外 / 扈承喜	9,000원
46 아프리카미술	P. 윌레프 / 崔炳植	절판
47 美의 歷程	李澤厚 / 尹壽榮	28,000원
48 曼茶羅의 神들	立川武藏 / 金龜山	19,000원
49 朝鮮歲時記	洪錫謨 外/李錫浩	30,000원
50 하 상	蘇曉康 外 / 洪 熹	절판
51 武藝圖譜通志 實技解題	正 祖 / 沈雨晟·金光錫	15,000원
52 古文字學첫걸음	李學勤 / 河永三	14,000원
53 體育美學	胡小明 / 閔永淑	18,000원
54 아시아 美術의 再發見	崔炳植	9,000원
55 曆과 占의 科學	永田久 / 沈雨晟	8,000원
56 中國小學史	胡奇光 / 李宰碩	20,000원
57 中國甲骨學史	吳浩坤 外 / 梁東淑	35,000원
58 꿈의 철학	劉文英 / 河永三	22,000원
59 女神들의 인도	立川武藏 / 金龜山	19,000원
60 性의 역사	J. L. 플랑드렝 / 편집부	18,000원
61 쉬르섹슈얼리티	W. 챠드윅 / 편집부	10,000원
62 여성속담사전	宋在璇	18,000원
63 박재서희곡선	朴栽緒	10,000원
64 東北民族源流	孫進己 / 林東錫	13,000원
65 朝鮮巫俗의 研究(상·하)	赤松智城·秋葉隆 / 沈雨晟	28,000원
66 中國文學 속의 孤獨感	斯波六郎 / 尹壽榮	8,000원
67 한국사회주의 연극운동사	李康列	8,000원
68 스포츠인류학	K. 블랑챠드 外 / 박기동 外	12,000원
69 리조복식도감	리팔찬	20,000원
70 娼 婦	A. 꼬르벵 / 李宗旼	22,000원
71 조선민요연구	高晶玉	30,000원
72 楚文化史	張正明 / 南宗鎭	26,000원
73 시간, 욕망, 그리고 공포	A. 코르뱅 / 변기찬	18,000원
74 本國劍	金光錫	40,000원
75 노트와 반노트	E. 이오네스코 / 박형섭	20,000원
76 朝鮮美術史研究	尹喜淳	7,000원
77 拳法要訣	金光錫	30,000원
78 艸衣選集	艸衣意恂 / 林鍾旭	20,000원
79 漢語音韻學講義	董少文 / 林東錫	10,000원
80 이오네스코 연극미학	C. 위베르 / 박형섭	9,000원
81 중국문자훈고학사전	全廣鎭 편역	23,000원
82 상말속담사전	宋在璇	10,000원
83 書法論叢	沈尹默 / 郭魯鳳	16,000원
84 침실의 문화사	P. 디비 / 편집부	9,000원
85 禮의 精神	柳 肅 / 洪 熹	20,000원

86	조선공예개관	沈雨晟 편역	30,000원
87	性愛의 社會史	J. 솔레 / 李宗畋	18,000원
88	러시아미술사	A. I. 조토프 / 이건수	22,000원
89	中國書藝論文選	郭魯鳳 選譯	25,000원
90	朝鮮美術史	關野貞 / 沈雨晟	30,000원
91	美術版 탄트라	P. 로슨 / 편집부	8,000원
92	군달리니	A. 무케르지 / 편집부	9,000원
93	카마수트라	바짜야나 / 鄭泰爀	18,000원
94	중국언어학총론	J. 노먼 / 全廣鎭	28,000원
95	運氣學說	任應秋 / 李宰碩	15,000원
96	동물속담사전	宋在璇	20,000원
97	자본주의의 아비투스	P. 부르디외 / 최종철	10,000원
98	宗敎學入門	F. 막스 뮐러 / 金龜山	10,000원
99	변 화	P. 바츨라빅크 外 / 박인철	10,000원
100	우리나라 민속놀이	沈雨晟	15,000원
101	歌訣(중국역대명언경구집)	李宰碩 편역	20,000원
102	아니마와 아니무스	A. 융 / 박해순	8,000원
103	나, 너, 우리	L. 이리가라이 / 박정오	12,000원
104	베케트연극론	M. 푸크레 / 박형섭	8,000원
105	포르노그래피	A. 드워킨 / 유혜련	12,000원
106	셸 링	M. 하이데거 / 최상욱	12,000원
107	프랑수아 비용	宋 勉	18,000원
108	중국서예 80제	郭魯鳳 편역	16,000원
109	性과 미디어	W. B. 키 / 박해순	12,000원
110	中國正史朝鮮列國傳(전2권)	金聲九 편역	120,000원
111	질병의 기원	T. 매큐언 / 서 일·박종연	12,000원
112	과학과 젠더	E. F. 켈러 / 민경숙·이현주	10,000원
113	물질문명·경제·자본주의	F. 브로델 / 이문숙 外	절판
114	이탈리아인 태고의 지혜	G. 비코 / 李源斗	8,000원
115	中國武俠史	陳 山 / 姜鳳求	18,000원
116	공포의 권력	J. 크리스테바 / 서민원	23,000원
117	주색잡기속담사전	宋在璇	15,000원
118	죽음 앞에 선 인간(상·하)	P. 아리에스 / 劉仙子	각권 15,000원
119	철학에 대하여	L. 알튀세르 / 서관모·백승욱	12,000원
120	다른 곳	J. 데리다 / 김다은·이혜지	10,000원
121	문학비평방법론	D. 베르제 外 / 민혜숙	12,000원
122	자기의 테크놀로지	M. 푸코 / 이희원	16,000원
123	새로운 학문	G. 비코 / 李源斗	22,000원
124	천재와 광기	P. 브르노 / 김웅권	13,000원
125	중국은사문화	馬 華·陳正宏 / 강경범·천현경	12,000원
126	푸코와 페미니즘	C. 라마자노글루 外 / 최 영 外	16,000원
127	역사주의	P. 해밀턴 / 임옥희	12,000원

128 中國書藝美學	宋 民 / 郭魯鳳	16,000원
129 죽음의 역사	P. 아리에스 / 이종민	18,000원
130 돈속담사전	宋在璇 편	15,000원
131 동양극장과 연극인들	김영무	15,000원
132 生育神과 性巫術	宋兆麟 / 洪 熹	20,000원
133 미학의 핵심	M. M. 이턴 / 유호전	20,000원
134 전사와 농민	J. 뒤비 / 최생열	18,000원
135 여성의 상태	N. 에니크 / 서민원	22,000원
136 중세의 지식인들	J. 르 고프 / 최애리	18,000원
137 구조주의의 역사(전4권)	F. 도스 / 김웅권 外	Ⅰ・Ⅱ・Ⅳ 15,000원 / Ⅲ 18,000원
138 글쓰기의 문제해결전략	L. 플라워 / 원진숙・황정현	20,000원
139 음식속담사전	宋在璇 편	16,000원
140 고전수필개론	權 瑚	16,000원
141 예술의 규칙	P. 부르디외 / 하태환	23,000원
142 "사회를 보호해야 한다"	M. 푸코 / 박정자	20,000원
143 페미니즘사전	L. 터틀 / 호승희・유혜련	26,000원
144 여성심벌사전	B. G. 워커 / 정소영	근간
145 모데르니테 모데르니테	H. 메쇼닉 / 김다은	20,000원
146 눈물의 역사	A. 벵상뷔포 / 이자경	18,000원
147 모더니티입문	H. 르페브르 / 이종민	24,000원
148 재생산	P. 부르디외 / 이상호	23,000원
149 종교철학의 핵심	W. J. 웨인라이트 / 김희수	18,000원
150 기호와 몽상	A. 시몽 / 박형섭	22,000원
151 융분석비평사전	A. 새뮤얼 外 / 민혜숙	16,000원
152 운보 김기창 예술론연구	최병식	14,000원
153 시적 언어의 혁명	J. 크리스테바 / 김인환	20,000원
154 예술의 위기	Y. 미쇼 / 하태환	15,000원
155 프랑스사회사	G. 뒤프 / 박 단	16,000원
156 중국문예심리학사	劉偉林 / 沈揆昊	30,000원
157 무지카 프라티카	M. 캐넌 / 김혜중	25,000원
158 불교산책	鄭泰爀	20,000원
159 인간과 죽음	E. 모랭 / 김명숙	23,000원
160 地中海	F. 브로델 / 李宗旼	근간
161 漢語文字學史	黃德實・陳秉新 / 河永三	24,000원
162 글쓰기와 차이	J. 데리다 / 남수인	28,000원
163 朝鮮神事誌	李能和 / 李在崑	근간
164 영국제국주의	S. C. 스미스 / 이태숙・김종원	16,000원
165 영화서술학	A. 고드로・F. 조스트 / 송지연	17,000원
166 美學辭典	사사키 겡이치 / 민주식	22,000원
167 하나이지 않은 성	L. 이리가라이 / 이은민	18,000원
168 中國歷代書論	郭魯鳳 譯註	25,000원
169 요가수트라	鄭泰爀	15,000원

212 영화와 문학의 서술학	F. 바누아 / 송지연	22,000원
213 텍스트의 즐거움	R. 바르트 / 김희영	15,000원
214 영화의 직업들	B. 라트롱슈 / 김경온 · 오일환	16,000원
215 소설과 신화	이용주	15,000원
216 문화와 계급—부르디외와 한국 사회	홍성민 外	18,000원
217 작은 사건들	R. 바르트 / 김주경	14,000원
218 연극분석입문	J. -P. 링가르 / 박형섭	18,000원
219 푸코	G. 들뢰즈 / 허 경	17,000원
220 우리나라 도자기와 가마터	宋在璇	30,000원
221 보이는 것과 보이지 않는 것	M. 퐁티 / 남수인 · 최의영	30,000원
222 메두사의 웃음/출구	H. 식수 / 박혜영	19,000원
223 담화 속의 논증	R. 아모시 / 장인봉	20,000원
224 포켓의 형태	J. 버거 / 이영주	16,000원
225 이미지심벌사전	A. 드 브리스 / 이원두	근간
226 이데올로기	D. 호크스 / 고길환	16,000원
227 영화의 이론	B. 발라즈 / 이형식	20,000원
228 건축과 철학	J. 보드리야르 · J. 누벨 / 배영달	16,000원
229 폴 리쾨르—삶의 의미들	F. 도스 / 이봉지 外	38,000원
230 서양철학사	A. 케니 / 이영주	29,000원
231 근대성과 육체의 정치학	D. 르 브르통 / 홍성민	20,000원
232 허난설헌	金成南	16,000원
233 인터넷 철학	G. 그레이엄 / 이영주	15,000원
234 사회학의 문제들	P. 부르디외 / 신미경	23,000원
235 의학적 추론	A. 시쿠렐 / 서민원	20,000원
236 튜링—인공지능 창시자	J. 라세구 / 임기대	16,000원
237 이성의 역사	F. 샤틀레 / 심세광	16,000원
238 朝鮮演劇史	金在喆	22,000원
239 미학이란 무엇인가	M. 지므네즈 / 김웅권	23,000원
240 古文字類編	高 明	40,000원
241 부르디외 사회학 이론	L. 핀토 / 김용숙 · 김은희	20,000원
242 문학은 무슨 생각을 하는가?	P. 마슈레 / 서민원	23,000원
243 행복해지기 위해 무엇을 배워야 하는가?	A. 우지오 外 / 김교신	18,000원
244 영화와 회화: 탈배치	P. 보니체 / 홍지화	18,000원
245 영화 학습 — 실천적 지표들	F. 바누아 外 / 문신원	16,000원
246 회화 학습 — 실천적 지표들	F. 기블레 / 고수현	근간
247 영화미학	J. 오몽 外 / 이용주	24,000원
248 시—형식과 기능	J. L. 주베르 / 김경온	근간
249 우리나라 옹기	宋在璇	40,000원
250 검은 태양	J. 크리스테바 / 김인환	27,000원
251 어떻게 더불어 살 것인가	R. 바르트 / 김웅권	28,000원
252 일반 교양 강좌	E. 코바 / 송대영	23,000원
253 나무의 철학	R. 뒤마 / 송형석	29,000원